## ようこそ！そして、大公開！

# これがオーイシマサヨシだ！

アニソン界のスーパーヒーローは、どうやってできてるの？　ここで紹介されるオーイシ情報はどれも基本的なものばかりだが、意外にもウィキ●ディアにはあまり書かれていないぞ(編集部調べ)。

### 眼鏡 めがね

オーイシのトレードマークにして本体。
予備を事務所にも置いている　※この眼鏡は撮影用
ちなみに視力は裸眼で2.0あるぞ

### 右手 みぎて

暇さえあればスマホでエゴサ。
三度の飯よりなんとかである

### 爪（右手）　つめ　みぎて

ギターを弾くので爪を伸ばしている。
なので、『ピザラジ』のボーリング企画などでは右手を使えず支障をきたしている

### 髪型 かみがた

オーイシになってからは不変不動のヘアスタイル。オーイシは眼鏡とこの髪型がセット

### 口 くち

歌うししゃべるし、いつもお疲れさま。
リップクリームが欠かせません

### ウイダー ういだー

朝飯。午前中のオーイシはだいたいこれで生きている

※撮影用のこのウイダーもこのあとちゃんとオーイシが飲みました

### ギター ぎたー

眼鏡と同じくらい大事な商売道具
No guitar,
No Oishi.

### iPhone

あいふぉーん
エゴサのため、手放せない

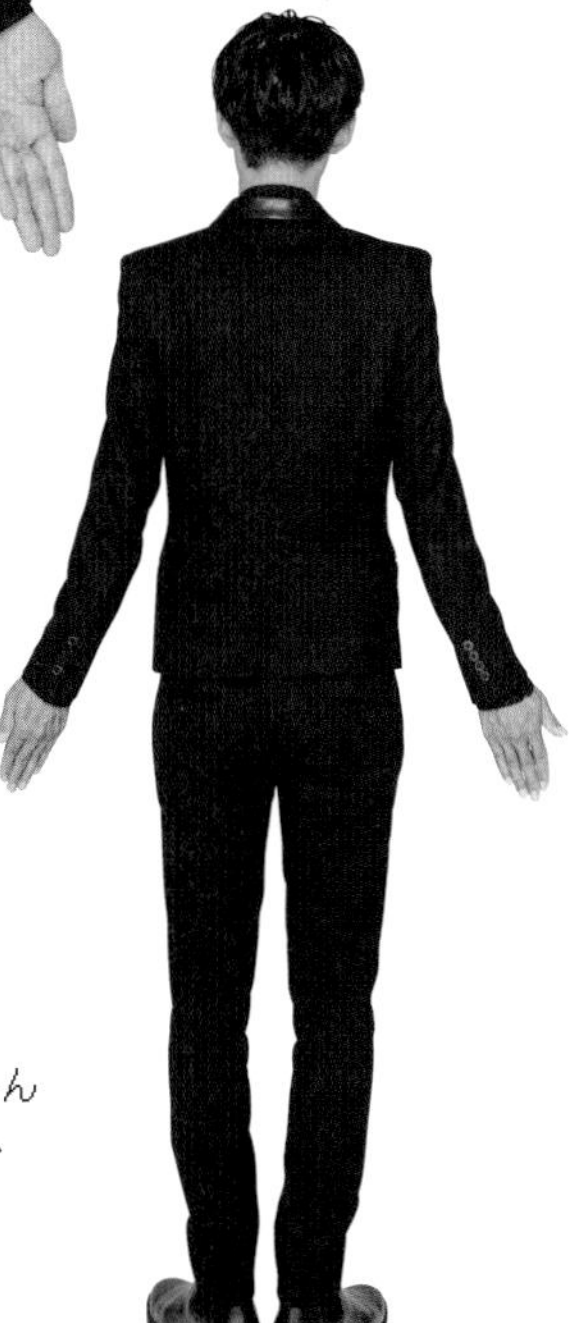

あいぼう　　まえのすがた　　うしろのすがた

Anything
Goes!

Go
Beyond!

# PART 1
# オーイシマサヨシ
## アニソン・メガネ・エンタメ

本書を手に取った多くの方は耳たこだろうが、オーイシマサヨシは「アニソン界のおしゃべりクソ眼鏡」を自称しているアニソンシンガーである。トレードマークは黒縁の眼鏡。自称するだけあって、とにかくよくしゃべる。オーイシマサヨシとしてデビューして今年で8年になるが、オーイシ史上初となるオリジナルアルバムを8月にリリースする。一方その間、作家として数多くのアーティストに楽曲を提供し、Tom-H@ckとのユニット・OxTから何枚もアルバムをリリースしている。あらゆる可能性からアプローチを図りアニメソングを作っていく姿勢は、ほかのアニソンアーティストにはできない芸当である。そんなオーイシがどのようにアニソンと向き合ってきた／いるのか、その全貌を明らかにする。

# アニソン界のおしゃべりクソ眼鏡

藤城貴則＝撮影

Mihara
mmy

Mihara
Password

Password:

Loacker
Minis
CHARMS
Loacker
Minis

オーイシマサヨシロングインタビュー

# エンターテイナーか ヒーローか 求められるなら表現はこだわらない

ポップでキャッチーな楽曲とキャラクターで、一躍人気となったアニソンシンガー・オーイシマサヨシ。30過ぎまでバイトをしていたエピソードは有名だが、「オーイシ」になるまで浮き沈みのある音楽人生を送っていた。子どものころからヒーローに憧れ、他人から認められることに人一倍敏感だった少年期を過ごし、音楽だけでは食べていけない時期を経験したからこそ、彼の作る音楽は、聴く人を楽しませるワクワクの詰まった曲になっているのかもしれない。オーイシと親交の深いアニソン評論家の冨田明宏が、今に至るまでの話を聞いた。

――アルバム『エンターテイナー』を聴いていて興味深く感じられたのは、オーイシマサヨシという存在と〝エンターテイナー〟、そして〝ヒーロー〟との対比だったんです。エンターテイナーは日常の退屈から救い出してくれる現実的な救世主で、ヒーローはフィクションにおける救世主。その両方をつなぎ体現している存在がオーイシマサヨシなのかもしれないなと。

オーイシ　すごくうれしいです。

――でもその一方で、1曲目の「エンターテイナー」を聴きながらSound Scheduleの曲を思い出してみたんですよ。あのころとは全然違うメンタリティがそこにあって。

オーイシ　うん。確かにそうですよね。

――だから今日はいろいろな角度から〝オーイシマサヨシ〟を見ていきたいのですが、まず初の公式ブックが出版されますが今の心境はいかがですか？

オーイシ　……正直、僕ってそんなに自分に自信があるタイプの人間ではないので、「俺でいいのかな？」って思ってしまって。でもお声がけいただいたときはものすごくうれしかったし、光栄でした。ふたつ返事で「もちろんです！」と受けさせていただいたんですけど……冨田さんにもいろいろと解剖していただくということで、逆に僕自身が自分のヒストリーを振り返るいい機会になるのかもしれないなと。僕もこれを機にこれまでのストーリーと、セカンド・ストーリーを集大成して、また次のストーリーに向き合えるような、そんなきっかけになったらいいなと思ってます。

――やはりご自身の中で、現在のカタカナの〝オーイシマサヨシ〟の活動以降はセカンド・ストーリ

冨田明宏＝文

ーであるという実感がある？

**オーイシ**　ありますね。激動でしたし、ここまで人生の色彩が変わるなんて……すべてカタカナ名義を立ち上げてからですから。やることがとにかく増えた(笑)。それこそ音楽だけじゃないですからね。10代のころにメジャーデビューをした後のロック・ストーリーとはまた違う物語、まったく想像もしてなかった物語が待っていました。不思議な感じはしますね。本当に全然、まだふわふわしてますから。

――まだふわふわしてますか？（笑）

**オーイシ**　してますしてます！　でもこのオーイシマサヨシって、いつでも畳めるつもりでやってるんですよ。いまだにそう。「今目の前にあるお仕事を一生懸命やろう、いつ終わるかもわかんないし」って思いながらやっていて。「推しは推せるときに推せ」じゃないですけど、「やれるうちにやれることを全部やり切ろう」という感じなんです。だからいろんなものに体当たりで挑戦できたし、ずっと攻めの姿勢でいられた。それは背中にちゃんと崖を背負ってるからこそで。

## 飛び道具的な役割

――エンタメ業界って、ファンやクライアントから求められないと存在を許してもらえない世界じゃないですか。

**オーイシ**　まあそうですね。

――そういう意味で言うと、オーイシマサヨシってずっと求められ続けていますよね？

**オーイシ**　あー……。

――求められたことはすべて出し惜しみせずにやると。その背景にはSound Scheduleやシンガーソングライター・大石昌良の活動が本来の軸としてあるからですが、だからこそオーイシマサヨシは飛び道具的でもあって。

**オーイシ**　飛び道具ね（笑）。まさに、ずーっと飛んじゃってますよ。飛び道具って本来一回きりで終わりのはずなのに、ずーっと飛んでるなーって。まるで人ごとのように思ってます。だから本当のことを言うと、結構分離しちゃってますね。自分の人格と、カタカナのメガネをかけたときのオーイシマサヨシは。「コイツやってんなー！」って傍から見ている感じというか。

――ちょっと高いところから見てるぐらいの。

**オーイシ**　そう。TVつけてて「キンカン」のCM流れていても「このメガネの人やってんなー」って(笑)。他人のように思ってますね。それぐらい分離してる感じはあるかもしれない。

――もしかしたらそれ、Sound Schedule時代からのファンも同じことを思っているかもしれませんね。

**オーイシ**　そうですね。今でも「オーイシマサヨシってサウスケなのか！」ってつぶやき、Twitterとか見ていて多いので。別人というこの感覚は僕だけじゃなくて、ファンの方や昔から知っている方も同じみたいです。それがありがたいんですよね。だってそもそもオーイシマサヨシ名義を立ち上げたきっかけが、その感覚だったので。「今までのファンの方々に申し訳が立たないな」と。

――申し訳が立たない？

**オーイシ**　はい。バンドでデビューしてシンガーソングライターも漢字名義でずっとやってきて、ギターを握らずにステージに上がること自体、セオリー違反だったんですよ。でもアニソンを歌うことになると、マイク一本で歌うことが多くなってくるじゃないですか。あとカラオケ音源で歌を歌うとかね。インストアイベントとか特にそうですけど、カラオケで歌うこと自体もともと僕のミュージシャンシップには反してたんですよ。やっぱり生音で全部自分の音で体現したい、みたいなことをバンドを背負っていた時代は大切にしていたので。でももう割り切って名義を変えて、カタカナの〝オーイシマサヨシ〟という人格を作ってみようと。さっきも言った通りすべて体当たりで、「いつやめてもいいようにいっぱい黒歴史作ってやろうぜ！」っていうのが最初のコンセプトだったんです。だから「君じゃなきゃダメみたい」のMVで僕は踊ってるんですけど、あれが黒歴史の1ページ目ですよ（笑）。

——でも1ページ目で踊ったから、そのあとも踊れているわけですよね。

**オーイシ**　そうそう、確かにそうなんです。発端はとにかくみんなと一緒に面白いものを作るための名義だったのですが、結果的に今の時代にフィットしたのかもしれないなって思います。

——僕はもちろんSound Scheduleを知っていたし、TVでも観ていたし曲も聴いていたので、アニソン業界で出会ったオーイシマサヨシとイメージの乖離がやっぱりありました。大石昌良は、僕のイメージからするとナイーブで内省的で。「ピーターパン・シンドローム」のような楽曲に象徴されていますけど、大人になることに対する折り合いがつけられず、「アンサー」のように行き着く先が結局忘れられない昔の恋人だったり。

**オーイシ**　そうですね。なにも解決してない。

——でも自問自答のまま、答えが出せないままの歌が本来のアーティスト性であるとすれば、オーイシマサヨシって180度違うんですよ。

**オーイシ**　言われてみればそうですよね。

## なぜオーイシマサヨシになれたのか

——だからこそ聞きたいのですが、なぜ大石昌良はオーイシマサヨシになれたんですか?

**オーイシ**　内省的って言われましたけど、バンドのときはやっぱ自分の心の中と向き合って曲を作ってたので、答えのない答えをずっと探していて。結局は昔の恋人が忘れられないとか、悩んで悩んで、結局答えにたどり着けないまま終わるとか。でも当時はそれが心の拠りどころだったんです。でも30代になって、少しずつ心が外に向きはじめたんですよ。シンプルに言えば「もっと誰かを楽しませたい」って。きっかけがあったんです。サウスケはありがたいことに結構早くデビューできました。それこそ21歳とかで。でもバンドが解散になって、シンガーソングライター・大石昌良でデビューしたのが20代後半だったんですけど、そこでいろんな方々と対バンをしたんです。そこで改めて、自分の実力のなさに辟易とさせられたんですね。だからたくさん練習しました。練習して練習して練習して、「俺のアコギの技術、弾き語りの技術すごいやろ?」みたいな感じでステージをやったんですけど、全然ウケなかったんですよ。「なんでだろう?」って思って、パって隣見たら、僕よりも後にデビューしたシンガーソングライターの方々がめちゃくちゃお客さんの心を掴んだステージをやっていて。たくさんお客さんを呼ぶとか、フェスのような大きなステージとかそういう場所ではなかったんですが、とにかくそのステージにおいては誰よりも輝いていて、お客さんの目も輝いてる。そこで気づいたんですよね、「これがエンタメか」と。エンタメって目の前にいる人をどれだけ幸せにできるか、目を輝かせられるかであって、僕はただの自己満足とか自己顕示欲でステージに立ってしまっていた。じゃあこの「俺上手いだろ?」をどうやってエンタメに昇華できるかを考えるようになったんです。たとえばMCを勉強して、「これってフィギュアスケートにたとえるとトリプルアクセルくらい難しいことなんですよ!」とト書きで説明するようなことをしたり。そこでやっと拍手をしてもらえたり、聴いてもらえるようになっていって。喜んでもらう、聴いてもらうための技術を学びはじめてから、どんどんどん心が外に向いていきました。書く曲も変わっていきはじめたのが、30代の頭ぐらいだったかな? たまたまそのころにTom-H@ckと出会って、『ダイヤのA』の主題歌をやることになり、一気に人生がセカンド・ストーリーに向けて動き出したんです。

——オーイシさんの中にあったエンターテインメントの解釈が大きく転換された時期だったんですね。

**オーイシ**　そうですね。「音楽ファンにだけ届けばいいや」という意識がなくなったんです。もっと言えば「音楽ファンだけに向けて音楽やってたら、メシ食えなくなるわ」っていう瞬間があったので。大道芸に近いんですけど、道端でパッと見たときに、まったく興味がなかったのに足を止めてみてしまうパフォーマンスってあるじゃないですか。そういう技術にどんどん魅了されていったり、食うためにそれを

## 「エンターテインメントってこれが正解なのでは？」という問いに対する答え合わせが、アニメソングでできた

身につけていったり。あのころの経験が大きいと思いますね。そのころにアニメソングに出会ったわけですけど、アニソンってエンタメに特化した音楽だと僕は思っているので。アニメに出会い、自分がアニメソングを歌いはじめたのはかなり運命的なものを感じます。ステージ上での立ち振る舞いとか、お客さんとのコミュニケーションの取り方とか、アニメソングを歌いはじめてから「やっぱこれでよかったんだ」って思うことがたくさんあったので。自分の中にある「エンターテインメントってこれが正解なのでは？」という問いに対する答え合わせが、アニメソングでできたんですよね。

――アニソンってサービス精神の塊ですからね。

**オーイシ**　まさにそうですね。間違いないです。アニメを楽しみに観ている人に作品の魅力を伝えながら、さらにエンターテインメントする音楽を作ることって、すごく難しいことですから。自分の持ってる音楽スキルをアニメ作品にしっかりとフォーカスさせて合わせる技術、アニソンクリエーターはめちゃくちゃ高いものを持ってます。そのプロ意識はたぶんどのジャンルよりも高いような気がしますね。意外とインストだけ聴くと「これもうただの洋楽じゃん」みたいな曲も多いし。トラック聴いていると「めちゃくちゃトレンド捉えてるわー」みたいなパターンもアニソンは多いので。

――オーイシマサヨシの曲もほぼそういう曲ですよね。

**オーイシ**　ありがとうございます。アニソンの皮を被った音楽プロの所業みたいな仕事って、やっぱり僕も大好きで。これこそエンタメイズムだなと。ひけらかさず、ただただ自分の持ってる音楽の引き出しをその作品のためだけに使うとか、その作品を通してみんなとつながるためだけに使うとか。それって親が絵本を子どもに読み聞かせるのと同じような愛情を感じますよね。子どもを楽しませるために、あえて誇張したり抑揚をつけたりして、作品の持っている本質を伝えようとする。でもその本質が面白くないと楽曲として成立はしないし、すごく難しいと思いますよ、アニソンって。しかもエンドユーザーがコロコロ変わるじゃないですか。深夜アニメと日曜日の朝アニメとかでだいぶ年齢層も変わってくるし、男女でも違う。ターゲットを見定めてフォーカス合わせて着地点を決めていく作業って、めちゃくちゃ楽しいですね。刺激的だし、すごく頭も使いますから。

### 必要とされるならばいつだって

――さっき「オーイシマサヨシはいつでも畳める」とおっしゃってましたけど、ここまで来るとそう簡単にやめられないのでは？

**オーイシ**　それこそヒーローじゃないですけど、求められる声、助けを呼ぶ声があったら、いつでもすぐに駆けつけるメガネみたいな（笑）。「困ったことがあったらいつでも駆けつけますから！」みたいな感じになっちゃってますね……うん、やっぱりこのヒーローはまだまだやめられないかな。気持ちよくもなっちゃってるし（笑）。〈誰かに必要とされる喜び〉を今すごく感じているんですけど。やっぱり僕って、必要とされなかった時期があったから。音楽でメシが食えなくなった時期……やっぱりアーティストをアーティストたらしめるものって、誰かに羨望の眼差しで見られるとか、希望の光になるとか、そういうことだと思うんです。それは別にたくさんの方々じゃなくてもいい。ひとりでもいいんですけど、求められる声、求められる心っていうのが、アーティストを輝かせるのかなって思っていて。そういった意味では、オーイシマサヨシは皆さんに輝かせてもらっている状況です。だからまだまだやめられないな。

――アルバムのオープニングナン

Password:

## メガネが「キューン!」ってなって! あの瞬間から、僕はヒーローになってたんだ

バーである「エンターテイナー」を聴いたときに思ったのは、まさにそこなんです。だからもう少しだけその点について聞かせていただきたいのですが、Sound Scheduleで若くしてデビューして、『ミュージックステーション』にも出たり、華々しい時期のあとにはメシが食えなくなる時期もあった。それでもずーっとデビューから応援してくれてるファンの皆さんもいる。プライドもある。いくら苦しいからと言って、人生の舵を大きく切るのって簡単じゃないと思うんですよ。

**オーイシ**　そうですね。特にデビューから応援してきてくれたファンの方々に対して、申しわけないみたいな感情とかはありました。やっぱり2010年代初頭のころって、アニメソングに対する認識が今と違ったから。やっぱり畑が違うと思われていて。「へぇ、そっち行くんだ」って言われたりもしたし、人によっては残念がる方もいたし。僕自身はまったくそんなこと思ったことないんだけど、どうやら都落ちのように見えたみたいで。だから僕自身というより、大石昌良を応援してくれていたファンの皆さんに対しての思いのほうが大きかったかもしれませんね。だから別名義にして、別の人格を作って、「大石昌良とオーイシマサヨシは遠い親戚である」みたいな、しょーもない設定まで作って(笑)。今はそのへんグダグダになっていて申しわけないですけど、今までかっこいいことをやってきて、それについてきてくれた人たちに対してのすごくかっこ悪いですけど、言い訳めいたものが必要だったんですよ。それが僕の32、3歳のころの葛藤……これは大きな葛藤でした。

——アイコンを作り変えなきゃならなかったわけですよね、だからメガネをかけたり。

**オーイシ**　黒髪マッシュにするとか。オーイシマサヨシになる直前くらいまでが、正直、僕の音楽人生で一番つらかった時期です。めちゃくちゃしんどかった。生活的にも苦しかったし、「ここまで応援してくれてる人たちを裏切るのか」っていう気持ちにもなっちゃってたし。今思えば変な感じなんですけどね。

### 「どこにでもいそう」を強みに

——でも大事なのは、アーティスト大石昌良ってそもそも超優秀だったということなんですよね。誰でもできるわけじゃなくて、そこまで頑張ってきたボーナスポイントが貯まっていたと。そしてプライドというマスクを剝ぎ取ったら、実は世間が求めるエンターテイナー・オーイシマサヨシだった、という話なので。

**オーイシ**　え、それってマジでヒーローじゃないですか(笑)。

——僕が見てきたオーイシマサヨシって、みんなの声でエンターテイナーになり、ヒーローになった男の物語なんですよ。

**オーイシ**　みんなの力が集まって、メガネが「キューン!」ってなって! あの瞬間から、僕はヒーローになってたんだ。

——ヒーローになれる資格を持っていたんでしょうね。

**オーイシ**　そっかそっか……うれしいな。本当にうれしい。僕ってよく「お前はほんと遅咲きの花だな」と言ってもらえるんですよ。「オーイシくん見てたら、30代で諦めようとしてたけどもう少し頑張ろうと思ったわ」とか。年齢を感じさせないとか、関係ないと思わせるような、そんな存在になれたらいいなと僕自身思ったりしていて。スガシカオさんもそうじゃないですか。

——もともと会社員でしたよね。

**オーイシ**　そうそう。もともと会社員で20代後半からデビューされて。あんな存在として見られていた

らうれしいなって思っていたから。

――オーイシさんってエゴサーチ好きじゃないですか？

**オーイシ**　エゴサ大好きです。

――「〇〇でオーイシマサヨシを見た！」みたいなツイートも拾っていたりしてますよね。

**オーイシ**　僕ってどこにでもいるみたいですね（笑）。

――「どこにでもいそうなメガネ男子が、実は数万人を熱狂させるエンターテイナーであり、ヒーローかも」という、それがもうメッセージになっていると思うんですよ。

**オーイシ**　誰にだってその可能性があるんだよ、っていうね。大学に5人ぐらいいそうな〝オーイシマサヨシ〟的な男子が、マイクを手に取ったらヒーローになれるかもって。

――「エンターテイナー」の歌詞みたいに、6畳半の部屋でコーラ飲んでるやつが、いつか数万人を熱狂させて、Twitterの世界トレンド一位になり、キンカンのCMで毎朝TVで観るようなこともある。だから人生って面白いんだぞっていう。

**オーイシ**　でも、それが僕の生きざまそのものですから。キンカンのCMも「なんでこんな普通のやつ採用したんだ？」みたいな意見もあるみたいだし（笑）。最近はオーイシマサヨシに似てる人がいすぎて、冗談で「オーイシマサヨシって概念なんじゃないかな」「本物っていないんじゃないかな？」みたいなことを言われたりしてますけど、それでいいんですよ。特別な見た目をしていなくたっていい。確かに「誰でもヒーローになれる」みたいなことを歌詞の中でも書いていたりするんですけど、僕が生きてきた人生におけるリアリティを投影してるところはやっぱりあるから。「誰だってみんなに必要とされる人間になれるんだよ」って。それこそが生きる希望じゃないですか。「誰かのために生きろよ」と言ってるわけじゃなくて、「もしかしたらヒーローになれる可能性がある」とか、「主人公になれるかもよ」ってメチャクチャ心くすぐられるし、僕自身もそうだったから。そういうアニメソングに希望を与えられた人間だったので、恩返しじゃないけど、自分からもそういうメッセージを発信していけたらなと思ってて。気が付けばそういう歌をたくさん作ってきましたね。でも僕をこういう感じでいじりキャラとかいじられキャラとかにしてくれたのって、やっぱSNSの力がすごくて。油断してたらいつの間にかいじられはじめてたんですよ。

――油断してたら（笑）。

**オーイシ**　はい（笑）。変なこと言われたらTwitter上でツッコミを入れるとか、そういうことをやってたら、どんどんどんどん皆さんエスカレートしてきて。実際のライブでもステージ出た途端に2秒で「帰れー！」って言われたり（笑）。そういうのも楽しめるようになったし、お客さんとのコール・アンド・レスポンスも、いわばコミュニケーションになってきたので、ほかの人には真似できないオリジナリティが出てきたかな？って感じはありますね。とにかくみんなと楽しい空間がライブ会場でもSNS上でも作れたらいいなと思っていたので、理想的な形にはなってるかなと思います。僕のフォロワーって20代30代が中心かと思いきや、10代の男子が一番多いんですよ。それがすっごくうれしくて！　彼らにとってはサウスケも本名の大石昌良も関係なくて、『SSSS.DYNAZENON』を観ていたら「インパーフェクト」が流れて「オーイシマサヨシって歌手なんだ！」「え、すごい人なんじゃん」みたいなつぶやきをしてくれていて、これがもう最高なんです。だからもう、〝Twitter芸人だと思われたっていいかな？って。そういう面白さも全部ひっくるめて、オーイシにしかできない総合的なエンタメにしてしまいたいから。この状況って30代前半の音楽でメシが食えなくなったとき、思い描いたエンタメ像とか、理想に近づいていってるのかなって思ってますね。

## 求められることの喜び

――お話を伺ってきて感じたことは、人っていかに求められることが大切かってことですね。求められれば人はヒーローにだってなれる可能性がある。でも逆に言えば、いかに求められないことがつらいか、耐え難いかということでもあって。これはエンタメや芸術活動に限らず、たとえば家族や学校、職場などにも言えることかなと。

**オーイシ**　そうですね。僕も中学のころはいじめられていたから。中1のときとか結構ひどいいじめにあってて。クラス中から無視されたり、上履きがなくなったり、靴の中にパンが入ってたり。もうベタベタな、マンガみたいないじめを受けてたときがあって。あのときは本当に「ボクは世界中から必要とされていないんだ」と思ってしまった。そういうトラウマがあって。でもそのころにはじめたのがギターだったんですよ。学校はとにかくいじめられている状況を我慢する場所で、家に帰ったら、そのいじめてる奴らを見返すためにアコースティックギターを一生懸命練習していて。そんな生活が2年ぐらい続きました。中3になると「あいつなんかギター弾けるらしいぞ」とか「歌ってるらしいよ」みたいな噂が立ちはじめて。それでやっと存在が認められていったんです。そのときのトラウマだと思うんですけど、〈自分の周りから人がいなくなることに対して強い恐怖心〉があるんだと思うんです。僕、人生の中で何度も何度も人の波が引いていくのを経験していますから。バンドでメジャーデビューして、解散するときもさーっと人が引いていったし、大石昌良でデビューしたあとも事務所を転々として、その度に自分の周りから人がいなくなる恐怖を味わって。「またか。また僕の周りから人がいなるのか」「またひとりぼっちだ」って。あの寂しさと虚しさを知っているから、やっぱり必要とされる人間になりたいと強く思ったんですよね。

――でもそこで厭世的になりただ人生を悲観するのではなくて、抗ってきたから今があるんですよね？

**オーイシ**　根本的に、負けず嫌いだからかな。どんな状況でも「誰にも負けたくない」という気持ちだけはどこかにあるんですよ。だから虐げられたり、人が去っていくたびに「なんでなんだろう？」っていうのをずっと考え続けてきたからかもしれません。あと僕の周りには常に刺激をくれる天才たちがいて。その天才たちに打ちのめされ、負け続けてきた人生っていうか。

――負け続けてきた？　今も？

**オーイシ**　もちろん！「またまたー！」とか「そんなこと思ってもないでしょう」とかよく言われるんですけど、僕は今まで負けだらけの人生ですよ。僕は天才じゃないから。だって悔しいじゃないですか。自分に持ってないものをたくさん持っている天才と出会ってしまうと。だから研究するし、もっと上手くなろうと思うから。よく「サクセスストーリーだよね」とか「シンデレラストーリーだね」とか言われたりするんですけど、僕の感覚で言えばずーーっと負けてるから！　ハッキリ言って、音楽やってきて心から幸せだなと思ったり、満足できたことなんてまだ一度もない。まだまだつらくて苦しいのが本音ですよ。勝ったことがない。だから今も勝負を挑み続けるんだろうな。

――でも、そういうところもヒーローっぽいですよね。ヒーローって基本的には負けるじゃないですか。常に強い敵が現れるから。

**オーイシ**　確かにそうかもしれないですね。

――だからこそ見ている子どもたちや、大人たちにも勇気を与えると思うし、感情移入ができるから。

**オーイシ**　今まで気づいていなかったけど、僕は知らず知らずのうちにヒーローとして生きる道を歩まされてきたのかもしれない。自分の憧れとしてのヒーローに。まんまとやられてるなー。ヒーローという概念に、自分が知らず知らずのうちに浸食されていたとはね（苦笑）。

## 近くて遠い存在

――負け続けているとおっしゃいますが、アニソンはオーイシマサヨシを中心に変わってきてるのは事実だと思いますよ。

**オーイシ**　本当ですか？　届いてないんですよね、本人までは。「オーイシマサヨシになりたい」っていう人とはまだ出会ったことない……でも、これ確か（笑福亭）鶴瓶さんだったと思うんですけど、鶴瓶さんって『鶴瓶の家族に乾杯』でいろいろな地方にロケに行ったりするじゃないですか。そのときに「あ

## 5年後10年後にすべて正解に反転させてきた。それが僕の人生かなって思う

ー！ 鶴瓶さん」って、一般の方がまるで知り合いかのようにお声がけするんですって。「芸能人って思われたら負けだ」ってよくおっしゃっていますけど、〝芸能人〟という壁を相手が感じた瞬間、面白いことを引き出せなくなると。へりくだるわけじゃないですけど、「気のいいおじさんがやってきた」くらいの距離感が出せてやっとプロであるみたいなことを言ってはったんですよね。あれだけの大御所が芸能人オーラ消せるって、めちゃくちゃかっこよくないですか。やっぱり身近な存在こそ正義なんですよ。

——そんな現在のオーイシマサヨシが、中学1年生のころの、いじめられていた自分に声をかけてあげるとしたら、なんて言ってあげたいですか？

**オーイシ** 「そこは狭い世界だよ」って言いたいです。絶対に聞かないと思いますけどね（苦笑）。でも言うとしたら「世界はもっと広いよ」とは言いたいし、あと「人生っていくらでもリカバリーできるぜ」って言いたいかな。僕ね、今まで間違った選択はしてないと思っているんです。どういうことかというと、たとえそのとき間違ってるなとか、ミスったなって思う選択も、結局何年か後に正解にしちゃってるので。いじめられた事実も、音楽でメシが食えなくなった事実もね。その瞬間は不正解かもしれないけど。いじめられたときはギターを練習した。食えなくなったときはエンタメについて真剣に考えた。その結果、5年後10年後にすべて正解に反転させてきた。それが僕の人生かなって思う。だからその瞬間の不正解に苛まれ過ぎないでほしい、そう思うのが大事かなって。だから今も僕は、相変わらず黒歴史を作り続けてます。

——かっこいいですね。

**オーイシ** でもやっぱり、いじめられてるときはつらいよね（苦笑）。

——過去から現在までのお話を伺ってきましたけど、今後についてはどのように考えていますか？ それこそ『世にも奇妙な物語』に出演する話もあるじゃないですか。

**オーイシ** そうですね。お声がけいただいたし、僕が必要とされるなら一回は絶対顔出したいなと思ってて。それが続くかどうかは別としても、引き受けたからには一生懸命それをやり切りたいです。新しい挑戦はこれからも続けていくとは思いますけど、今気をつけてることは、本業を疎かにしないということですね。音楽家としての自分をちゃんと天秤にかけた上で、新しいことにもチャレンジする。だから毎日ギターの練習は欠かさないし、そういうミュージシャンシップは絶対に守り通したいなって思いますね。それができていてはじめてTV番組のMCができたり、ドラマ出演ができるので。ちゃんと筋の一本通った人間でありたいなとは思っています。やっぱり音楽家としてのオーイシが軽くなると、僕の心のバランスが保てなくなっちゃうから。意外とまだ「こんなことして東京に来たんじゃねーよ！」みたいな感じになりがちなんすよね。やっぱりもとがバンドマンだから。今も必死にバランスを取っている最中です。

——冷静に考えて、さっき「オーイシマサヨシになりたい」って人に会ったことないとか言ってましたけど、そりゃいないわけだ。だって無理ですよ、オーイシマサヨシになるのは。

**オーイシ** どうかなー？ 自分ではやっぱりわかんないかも。冨田さんにこうやって評論してもらうことだって、うれしいけど慣れないもん（笑）。

——否定すると思うけど、やっぱり天才なんだと思いますよ。でも身近な存在でもある。近くて遠い存在というか。

**オーイシ** それ、いいですね。僕の理想かもしれない。

——いや、もう生きる伝説だ。オーイシこそレジェンド！ 間違いない。

**オーイシ** おい！ 言い過ぎや！ 営業妨害やめて！

密着取材

# MV『エンターテイナー』

## フォトギャラリー

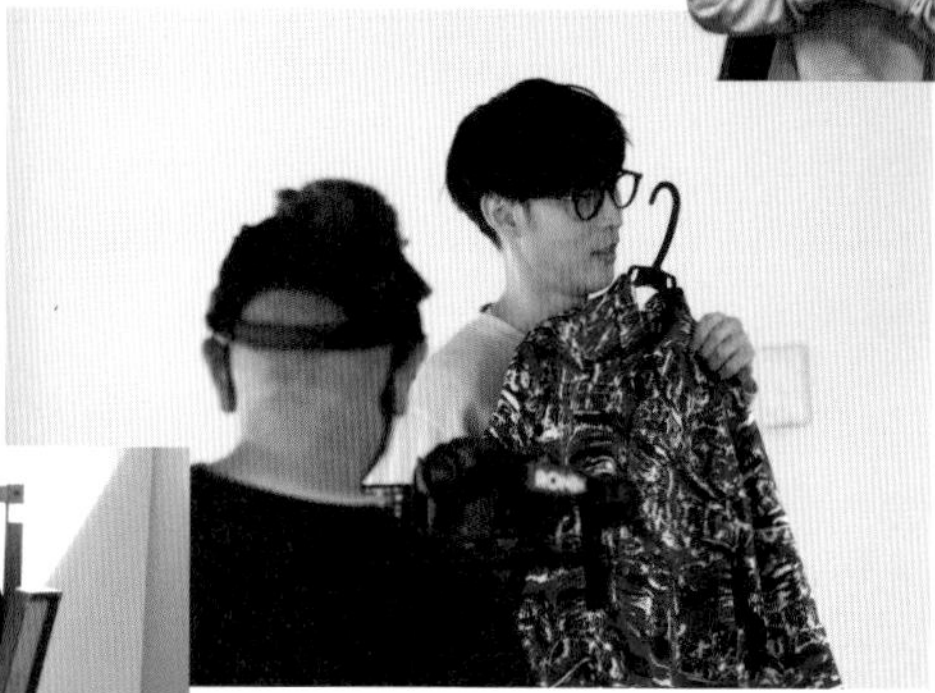

２０２１年７月某日。この日は午前にCDのジャケ撮影を行い、午後からMV撮影というスケジュール。アルバムのリード曲「エンターテイナー」に相応しい、ホールを貸し切っての撮影に。当日の香盤表を確認すると、どうやらライブ当日の会場入りからステージでの歌唱までの一連を見せるストーリーになっているようだ。撮影は、スウェット姿にギターを背負っての会場入りのシーンからはじまった。「スタッフさん入れましょうか」「YouTube観てもいいですか」。テイクを重ねるたびにアイデアが浮かび、オーイシ自らが演出を提案する。「最近は自分発信のものが多いので」と本人が言うように、当日になってアドリブ的に演出を加えてみたり、監督からの指示にも軽々と対応して、滞ることなく撮影は進んでいく。



渡部 遊＝文　木村心保＝撮影

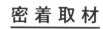

楽屋とバックヤードの撮影を終え、次はステージでの撮影へ。「スモーク焚いて！」「このピンライト点きます？」と撮影スタッフたちが慌ただしくセットチェンジを進める。まずはリハーサルのていでスウェットのままアコギを弾くシーン。リップシンクだが全力で歌い上げ、思わず「（撮影やめて）聴きたくなっちゃう」と監督。おそらくその場にいた全員が同じことを思っただろう。

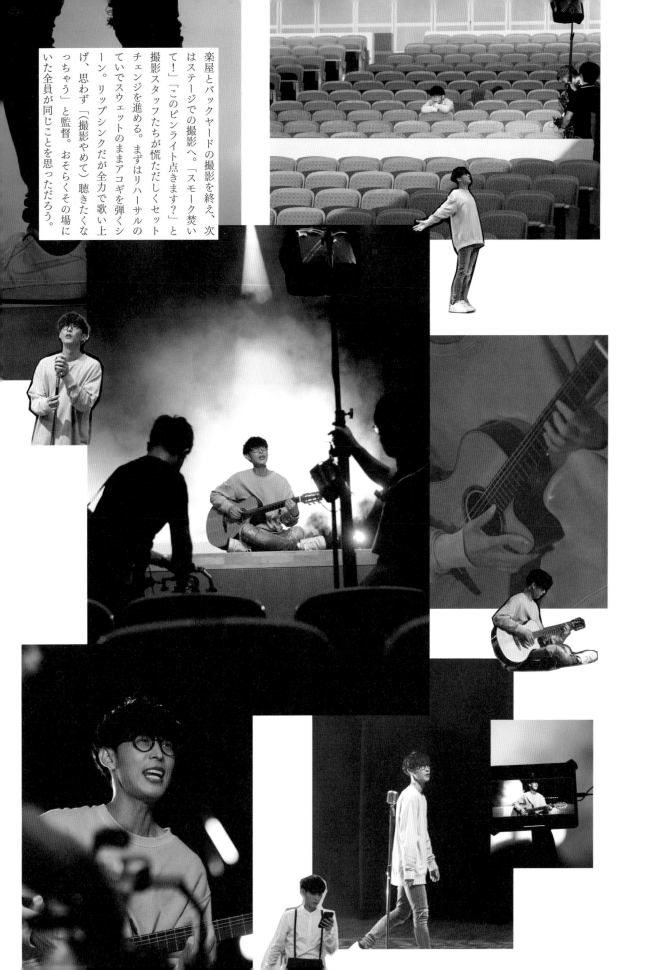

ステージ衣装に着替え、いよいよ撮影も大詰めに。長いフリンジがステージのライトをキラキラと反射させ、一気に華やかな雰囲気を身にまとう。手持ちカメラ、固定カメラ、クレーン、そしてドローン……。さまざまな角度から何度も撮影を重ね、カットの声がかかると監督のもとで映像を入念にチェックする。チェックポイントをオーイシに確認すると「少しずつダメな部分を削ぎ落とすイメージで撮り直してますが、テイクごとに変えるとカット割したときに変になるから」と、その後の編集作業も配慮していた。最後にバックからのシーンを撮影し、19時30分にすべての撮影が終了。朝9時から丸一日の撮影を終えたオーイシだが、撮影後も本誌カメラに余裕の表情を見せてくれた。まさにエンターテイナーたる姿がそこにあった。

1stアルバム
『エンターテイナー』
楽曲解説

# アニソンの自由度を最大限まで引き出す

1stアルバム『エンターテイナー』に収録された全曲をオーイシ自らが解説。一曲ずつ丁寧に解説してもらったが、解説を聞いていて伝わってきたのは我が子のようにどの曲もとても大切にしているということ。このアルバムはオーイシの音楽活動を代表するアニメタイアップ曲が多く収録されている豪華な一枚となったが、オーイシにとって自分の分身のようなアルバムになっているのかもしれない……そんな思いを強く感じるインタビューとなった。

## ① エンターテイナー

僕が〝エンターテイナー〟という存在に心くすぐられた過去や、今の自分自身の状況をそのまま歌った楽曲です。だからオーイシマサヨシにしてはめずらしい、ドキュメント的な曲になっています。「オーイシマサヨシとはなんぞや？」みたいな。ちょっとメタ的な表現になるんですけど、僕の心の中にある理想のエンターテイナー像に、僕自身が影響されていて。だから今ライブもできないような閉塞感のある世の中ですけど「こういう日常を壊してほしいな」って、自分の中にいるエンターテイナーに投げかけているというか。やっぱりお客さんから見て、ステージの上にいるアーティストって輝いていて魔法みたいにキラキラしてる……そんなイメージがあると思うんですけど、アーティスト自身も実は「背中に羽生えてるかも」「このまま飛べちゃいそうだな」とか、そういう魔法にかかっているんです。いつかまたみんなで大声上げて歌えることを夢見て作りました。そんなみんなとの〝約束の曲〟ですね。

## ② インパーフェクト

今年放送されたTVアニメ『SSSS.DYNAZENON』のOP主題歌です。『SSSS.GRIDMAN』に続く『SSSS.』シリーズということで、いわゆるロボット合体アニメ色がすごく強かったんですけど、「合体するとは？」を考えたときに、「誰かのことを頼ってようやく完全体になれる、ということなのかな？」と思って。だから「インパーフェクト」＝〝不完全な〟というタイトルにして、楽曲ができていきました。ちょうどこのころコロナの自粛の影響もあって、精神的にスランプに陥っていた時期だったんです。今までは自分ひとりで楽曲づくりってやってきたんですけど、この「インパーフェクト」に関しては、たとえばミュージシャンの力やポテンシャルをお借りしたり、ディレクターさん含めスタッフさんにものすごく相談をしてみたんですよね。人の力をたくさん集結させて、それこそ合体させて、不完全になっちゃった自分を完全にしていった。そうやって作った曲なので、ある意味できるべくしてできた楽曲なのかもな。

冨田明宏＝文

## ③ 世界が君を必要とする時が来たんだ

この曲はTVアニメ『トミカ絆合体 アースグランナー』OP主題歌ですね。ついに夢の“ニチアサ”アニメ！　「いよいよあのオーイシマサヨシがここまで来たか！」と自分でも思わせていただいた楽曲です。だって「子どものころからニチアサを観ていたし！」（笑）。友達が「うちの子がオーイシくんの曲すごい好きで。ずっとライドン！ライドン！って歌ってる」って言ってて。「やっぱりすごい仕事だったんだな」って感慨深くなっちゃいますよね。子どもの心に響く曲って実はすごく難しいんですけど、ちゃんとそこには答えられたのかな？って。あとは子ども向けとはいえ「オーイシ大人げない」というか（笑）。音楽的な気持ちよさはかなり追求しています。たとえば子どもたちが大人になったときに、この楽曲を思い出して「実は音楽的にもすごい曲だったんだ！」と思ってもらいたくて。まるでタイムカプセルみたいな曲になっていたらいいなと思いますね。

## ④ Hands

© 円谷プロ © ウルトラマンR／B製作委員会・テレビ東京

今度は『ウルトラマンR／B』の主題歌ですね。この曲は園田（健太郎）くん作曲なんですけど、『ウルトラマン』という歴史あるコンテンツに自分の名前が刻まれるなんて思ってもいなかったのでめちゃくちゃうれしかったですし、このころからヒーロー作品にお声がけいただくことが多くなってきたんですよね。だからこの曲がきっかけでオーイシの世界が広がったという印象もあります。自分が求められる感覚も、オファーいただいた喜びも、今まではただの〈おしゃべりクソ眼鏡〉だったところから、ちゃんとアーティスト“オーイシマサヨシ”として子どもたちにまで認識してもらえて。『ウルトラマンR／B』のショーにも行ったんですけど、ウルトラマンと一緒に歌って戦うみたいなステージをさせていただいたり。めちゃくちゃ貴重な経験でした。「これでアーティストとしての寿命が延びたな」と思いましたね。ますますモチベーションが高まりました。

## ⑤ Hero

モンストアニメ『ノア方舟の救世主』の主題歌です。『モンスターストライク』のアプリは皆さんもちろんご存じだと思うんですけど、僕もゴリゴリにやっている人間なのですっごくうれしかったですね。ただこれに関してはもう「俺に務まるかな……」という不安も抱えながら、でも精一杯歌わさせていただいた楽曲でした。あと主人公ノアの声優が斉藤壮馬くんで、ものすごく仲がいいから「また仕事で交われたね」って。ある意味同志とまた再会させてくれた作品でもありましたね。「絶対に」という歌詞が繰り返し出てくるのですが、日常生活においてはできるだけ避けたい言葉だったりするじゃないですか？　無責任にもとられかねないから。でもやっぱりヒーローの代弁者としては「絶対に」と言い切る強さが必要だと思うんです。僕の作詞・作曲ではないけど、ボーカリストとしての役割をしっかりと果たそうと思わせてもらえた、そんな曲でもあります。

## ⑥ パワフルバディ

webアニメ『パワフルプロ野球 パワフル高校編』の主題歌です。高校編ということで、たとえば甲子園でみんなで一緒に歌ってるようなイメージを頭に思い描きながら書いた曲ですね。今はコロナ渦なのでご時世的に厳しいけど、矢沢永吉さんのライブってタオル投げるじゃないですか。（個人的には）あれをやりたいんですよ。だから曲調としてはソウルフルなロックンロールを取り入れたサウンドになっています。僕のライブでは、永ちゃんのライブみたいにいっせいにみんなでタオル投げる曲は今までなかったし。いつか夢のタオル投げをこの曲でやりたいですね。あと主題歌をやらせてもらうことが決まったとき、加藤純一くんが「『パワプロ』やるんですか!!」って反応がすごくて（笑）。ゲームファンにとってはトップコンテンツだし、そういう皆さんの期待に応えたくて、『パワプロ』ならではのワードを散りばめて、僕なりの愛をこめて一生懸命作った曲でもあります。

コロナ渦の中で「自分はなにができるんだろう?」と考えた結果「よし!　自分でアニメを作るぞ!」と意気込んで書いた楽曲です。MVの監督と計1年弱くらいかけて作り込んだのことも思いで深いですね。そしてなにより、りりあ。ちゃんですよ。透明感のある歌声で、本当に唯一無二の歌声の持ち主で。女性ボーカルに圧倒されたのって久しぶりだったかもな。コラボのきっかけですか?　僕がTwitterのDMでオファーをしたんです。めちゃくちゃ緊張しながら「すみません。ご存じかどうかわからないんですけども……」って丁寧に(笑)。だって!　40歳のおっさんが知らない女の子にDM送るって醜悪極まりない行為じゃないですか!　そしたら意外にも知っていてくださって、なんなら「ライブも観たことあります」と言ってくださり、とんとん拍子に話が進みましたね。デュエットだから成立するボーイ・ミーツ・ガールな世界観が楽しかったので、デュエットはまたいつかやりたいです。〈MV制作→P38〉

## ⑦ キンカンのうた2020

キンカンの広告宣伝次長としてこの曲は1stアルバムに入れざるをえない!　ここまでして自分のファンにキンカンを啓蒙していくってもう、CMタレントの鑑ですよ!　1万人規模のイベントとか、結構いろいろなところでも歌っていますからね(笑)。でも初めてフルで聴く方もいると思うんですけど、意外と切ない泣きのメロディからはじまるのでビックリされますね。僕も「こんなに泣けるメロディとドラマチックな展開のキンカンCMソングが今まであっただろうか……!」なんて、ケタケタ笑いながら作りましたけどね(笑)。でも、ただ商品を紹介するだけのコマーシャルソングではなくて、ちゃんと僕なりのメッセージも込めて、なおかつ楽曲単体で聴いても「これは良い曲だな」と思ってもらえるところに落とし込めたんじゃないかなって。アレンジに取り入れたファンタジックな要素も含めて、かなり上手くやれたなという手応えが感じられた一曲ですね。

## ⑧ 神或アルゴリズム (feat. りりあ。)

TVアニメ『臨死!!江古田ちゃん』の第10話EDテーマとして流れた曲です。これも個人的にお気に入りの楽曲で、これは『江古田ちゃん』みたいな作品からのオファーがないとなかなか作れないタイプの曲ですね。NHK『沼にハマってきいてみた』っていう番組があって、僕も出演させていただく機会が多いんですけど、結構この曲が勝手に使われてるんですよ(笑)。ちょっとでも隙があるとこの曲がやたらと擦られていて。そうはいいつつ、バラエティ番組とかで自分の曲を使ってもらえるのはすっごくうれしいんですけどね。アニソンは伝統的に“コミックソング”としての歴史もあるわけですが、コミカルで、くすっと笑えて、ちょっと切なくて。歌詞に「あるある!」と共感できるみたいな、かっこいいとかシリアスなだけではないアニソンが作れているのは音楽家としてすごく幸せなことだと思っています。だからノリノリで制作に取り掛かって、あっという間に完成した曲だったと思いますね。

## ⑨ 楽園都市

僕の趣味をめちゃくちゃふんだんに入れ込んだ楽曲で、今聴いても「かっこいいなぁ」とか「いい曲だなぁ」って思っちゃいます(笑)。TVアニメ『コップクラフト』のOP主題歌で、作品が異世界バディものだったわけですが、その“バディもの”にふさわしい楽曲にしたいってことで、いろいろなアニメ作品からのオマージュを入れた楽曲になりましたね。たとえば『ルパン三世』の音楽を手掛けられた大野雄二さんとか。もともと大好きだったから大野雄二作品はめちゃくちゃ聴き返しました。アニメファンなら誰もが憧れるあのイントロとかオマージュってやりすぎるのは危険なんですけど、やっぱりやりたくてしょうがないから取り入れつつ、自分なりのオリジナリティを出すために、現代アニソン風のキャッチーな要素もたくさん入れ込んで。今はよくインストで聴いていますね。アニソンでこういうアーバンな夜に似合う曲を作るのが夢だったので、僕にとってはうれしいお仕事になりました。

## ⑩ 沼

## 11 ロールプレイング

TVアニメ『ドラゴン、家を買う。』のOP主題歌ですね。この曲、僕は大好きで。ケルト・ミュージックの要素とロック・オペラを取り入れた曲で、いうなればQUEENイズムみたいな要素も混ぜながら作りました。つまりは僕の趣味がたくさん詰め込むことができた曲だと言えますね。普段のオーイシマサヨシの楽曲より、音楽家としての側面が出せた曲かもしれません。作品が異世界RPG系で、劇伴にケルト・ミュージック系の曲がたくさん使われていると聞いていたので、「じゃあ主題歌にも取り入れましょうか」と。そこから実際にケルト系バンドの方々をお呼びして、一緒に作っていった感じですね。もともと民族音楽は好きだったんですけど、実際に民族楽器を演奏するところを見るのがはじめてだったり、刺激的な制作でした。『ファイナル・ファンタジー』シリーズとかケルト的な音楽って上手く昇華されていますけど、民族音楽系はハマると抜け出せない沼だと思いました（笑）。

## 12 英雄の歌

『モンスターストライク THE MOVIE ルシファー 絶望の夜明け』の主題歌で、この曲もコロナ禍で書いた曲ですね。僕が作る音楽って「世界を動かそう」みたいな目線で作ろうと思うと全然上手くいかないんですよ。やっぱり分母がデカければデカいほどメッセージの濃度が薄まるので、結局「ひとりの大切な存在のため」に書いた曲が結果的に「世界を動かす」というほうが僕らしくて。この曲の歌詞にはそういう言葉が詰め込まれていますね。この曲は『モンスト』の作品の力をお借りして、素直にストーリーに寄り添いつつ、なおかつ僕のドキュメント的な思いも混ぜられるようなリンクポイントを探して書いた曲だったので、僕自身にとっても大切な曲になったかなと思いますね。アレンジにfhánaの佐藤純一くんが入ってくれたことで弦のアプローチにカウンター・メロディ的な天才感がすごく出ていて、僕が想像していた以上に素晴らしい仕上がりになった曲です。

## 13 ドラゴンエネルギー（オーイシマサヨシ×加藤純一）

※ボーナス・トラック収録

歌詞はなんのこっちゃわからないけど、名曲感だけは無駄にすごい曲ですね（笑）。これはCDにしか収録されないボーナス・トラックです。もうYouTubeで500万くらい再生されてるんですよ（笑）。でも僕がインターネットの世界で存在できているのも、やっぱり加藤純一の影響がめちゃくちゃ大きいと思っていて。純ちゃんと一緒にレギュラーをすることによって、ネットの深淵に触れられたというか。本当に良きパートナーだなと思っています。今ネットの力がすごく強いじゃないですか。だから個人の力もすごく強くなっている。その時代感を間近で見ることができているのは、僕の人生において貴重なことだと思っています。今の純ちゃんは日本一、なんなら世界一のライブストリーマーだと僕は思っているし、すごく良いタイミングで彼と出会えて、今もレギュラー番組をやらせてもらっていて。そういう意味では、彼との絆を確かめ合う曲かもしれない。

### information

オーイシマサヨシ
1st アルバム『エンターテイナー』

［初回限定盤］
定価：4,950円（税込）
PCCG.02012（CD＋Blu-ray）
PCCG.02013（CD＋DVD）

［通常盤］
定価：3,300円（税込）
PCCG.02014
8月25日発売

# 『神或アルゴリズム』制作チーム対談

オーイシマサヨシが初めてプロデュースを手がけたアニメMVプロジェクト『神或アルゴリズム』。女性ボーカルとのユニット、映像と音楽の同時制作など、オーイシにとってもかなり大きな挑戦となり、初めてづくしとなった本企画はどのように制作が進んだのだろうか。ボーカルを担当したりりあ。とアニメーション制作を務めたオカモト、それぞれとの対談が実現した。

## りりあ。 何度も録れる幸せ

**オーイシ**　今回デュエットをする女性ボーカリストを探していたとき、りりあ。ちゃんの「浮気されたけどまだ好きって曲。」を聴いて「なんてきれいな歌声をしているんだ！」と驚いたんです。もうこの人しかいないと思い、楽曲に参加してほしい旨を書いてTwitterのアカウントにDMを送ったんですよね。

**りりあ。**　DMを見て「……え!?　ちょっと、ママ！　大事件が起きた!!」と家で大騒ぎしました（笑）。

**オーイシ**　それこそ、最初にりりあ。ちゃんのお母様がTwitter上で僕のことをフォローしてくださって。それをきっかけに、僕がりりあ。ちゃんをフォローしたらフォローバックしてくれて、DMが送れるようになったという。だから、お母様が今回の機会を作ってくださったと言っても過言ではない。

**りりあ。母**　オーイシさんのことを教えてくれたのは、りりあ。なんです。この子の影響で私もファンになりました。

**りりあ。**　私、オーイシさんの作る曲が全部好きで、5年前から毎日のように聴いているんです。何度聴いても飽きないどころか、ずっとワクワクしながら聴ける楽曲しかないので、本当に尊敬していて。デュエットのお話をいただいたときも「私でいいの？」と恐縮したし、自分にとって神様のような存在であるオーイシさんと一緒に歌えるのが光栄すぎました。

**オーイシ**　これはヤバイなぁ。ニヤニヤが止まらないです（照）。

**りりあ。**　なにより『神或アルゴリズム』の仮歌が届いたとき、本当に感動しました。「これがデモ？」と耳を疑うほど、私のパートを歌うオーイシさんのピッチが完璧だったので。

**オーイシ**　僕もりりあ。ちゃんの歌声に感動しました。正直な話をすると、仮歌こそが自分の思い描く理想形だから、第三者はなかなか超えられなかったりするんです。だけど、りりあ。ちゃんは僕の仮歌を優に超えてきた。しかも、サビのボーカルは3つのトラックを重ね録りしているじゃないですか。何回も同じボーカルを録るから、単純に分量が多い。にも関わらず、すべてのトラックが瑞々しくて、ピッチも声も素晴らしすぎて驚きました。

**りりあ。**　何回も歌えることが最高にうれしくて、ずっと歌っていたい気分でした。レコーディングってこんなに楽しいんだ！と自分でもビックリして。

**オーイシ**　作家冥利に尽きるなぁ。りりあ。ちゃんは新世代アーティストであり、TikTokでもカリスマじゃないですか。僕がお声がけしたのは、世間の注目が加速する少し前だったから、タイミングがズレたら実現してなかったかもしれない。本当に感謝しかないです。

**りりあ。**　私も、今後こんなにうれしいことはないんじゃないかなと思うぐらい幸せでした！　音楽をやっていて良かったです。

真貝 聡＝文

# オカモト（TriFスタジオ）

## 音楽と映像が互いに響き合う

**オーイシ** 『神或アルゴリズム』のプロジェクトは、「新曲をアニメMVにしたい」という考えからはじまりました。それで「アニメMVを作るんだったら、オカモト監督が良いですよ」とディレクターさんからご紹介いただいたんです。せっかくアニメMVを作るなら、原案から設定も含めてみんなで考えたいと思って、1年前から打ち合わせを重ねて作品を完成させましたね。

**オカモト** はい。まずは、オーイシさんの頭の中にある断片的なイメージを掴んでいきました。たとえば「『千と千尋の神隠し』の世界観にしたい」とか、「『ソードアート・オンライン』の仮想現実が好き」などのお話を聞かせていただいて、そこから物語やキャラクターを考えましたね。オーイシさんは本当に楽しそうにアイデアをお話しされるので、私もすごく楽しかったです。

**オーイシ** 舞台をアジアンテイストにする大枠の設定はもちろんですけど、「偽造テレカって昔はありましたよね！」「電話BOXって今は見ないですよね！」と細かいフラッシュアイデアも全部拾ってくださって、ありがたかったです。

**オカモト** 偽造テレカとか、それをそのまま描いてしまったら若い子達に伝わらないから、ブラッシュアップしてMVの世界観に落とし込んでみたりして。

**オーイシ** 今の話を聞いた上でMVを観れば、どれだけ僕がワガママを言って、いかにオカモト監督が忠実に再現してくださったのかがわかりますね。

**オカモト** しかも、今回は楽曲がない状態からスタートしたんですよね。私としても音楽と映像がお互いにインスピレーションを受けながら、形にしていく作業がとても新鮮でした。

**オーイシ** オカモト監督にイメージボードを作っていただきつつ、僕も一節考えたメロディを聴いていただいて。そういう意味では、映像と音楽が密着した状態で同時進行に進めていきましたね。

**オカモト** おそれ多いんですけど、オーイシさんが書かれた歌詞に対して、気になるところを提案させていただくこともありました。

**オーイシ** その意見がとても勉強になったし、普段ではやらない作曲スタイルで楽しかったです。実は、今回の対談でどうしてもお伝えしたいことがありまして……コロナ禍になって僕はスランプに陥っていたんです。そんなとき、オカモト監督と『神或アルゴリズム』を作らせていただいたことで、ものづくりの喜びを再確認させてもらいました。オカモト監督は僕の恩人でもあるんです。

**オカモト** とんでもないです（照）。オーイシさんは音楽を作られて、私は画を描いているのでお互いにやっていることは違うんですけど、クリエイティブという意味では一緒。私も、ものづくりの精神を見つめ直す機会にもなりました。

りりあ。／シンガーソングライター。2019年秋頃から顔出しをせずにYouTubeやTikTokに弾き語りの動画を投稿。若者を中心に話題となり10代、20代から絶大の支持を得ている。初のオリジナル曲「浮気されたけどまだ好きって曲。」はLINE MUSICでは初日デイリー1位、ウィークリーランキング1位を獲得

オカモト／アニメーション作家、イラストレーター。所属するクリエイティブチーム"TriFスタジオ"は過去にオーイシマサヨシオンラインワンマンライブ『世界が君を必要とする時が来たんだ』の映像演出を務めた

# 最強エンタメアイテム

STRONGEST ENTERTAINMENT ITEM

MOVIE

**『CHICAGO』(監督・ロブ・マーシャル)**

あまりにも好きすぎてブロードウェイまで観に行きました。僕がジャズに目覚めたのはこの映画を観たおかげです。みんなプロ集団じゃないですか。実際にブロードウェイで観たときも、生のダイナミクスを間近で体感して「エンタメってこうじゃなきゃな」と心が震えたのを覚えています。

LIVE VIDEO

**『Familiar to Millions』(オアシス)**

ブリティッシュ・ロック大好き人間の僕ですが、高校のときにロックのすべてを教えてくれたのがオアシスで。以来、感謝しかないですね。このライブ・アルバムにも収録されている「Wonderwall」とかめっちゃコピーしてました。ライブ映像で放送禁止用語を連呼してて、「いいんだ」と思ったけど普通にだめでした(笑)。

MUSIC

**『冬の散歩道』(サイモン&ガーファンクル)**

中学校の英語の先生が教材として「明日に架ける橋」をラジカセでかけたのがきっかけで知ったんですよね。ちょうどそのときお祖母ちゃんからアコギをもらっていたので、「すげえフォーキーなアーティストだなあ」って感動して。タブ譜を買って一生懸命コピーしていた記憶があります。

MUSIC

**『The Pursuit』(ジェイミー・カラム)**

彼はイギリスのジャズピアニストですが、歌ってよしピアノ弾いてよしの天才で、今の日本で言うところの藤井風さんみたいですね。「THE FIRST TAKE」みたいな1発撮りでレクを行っているのもかっこいい。僕のジャズ好きをさらに固めたアーティストのひとりです。

LIVE VIDEO

**『Live at Sheldon Concert Hall』(トミー・エマニュエル)**

トミー・エマニュエルはアコギの神様ですね。彼が来日するたびにライブを観にいくほど好きです。世界で一番アコギがうまいと思っていて、ステージ上の表現力とか人を巻き込む力とか、本当にすごい。表情筋が豊かで、音でお客さんと会話するんですよ。インスト曲が多いんですけど、ギターの音色だけで最前列のお客さんをいじったり……彼のパフォーマンスには永遠の憧れを感じています。

MUSIC

**『ひるね』(たま)**

無人島に持っていきたいCDナンバーワンです。初めて聴いたのはたぶん小5〜6のときですが、今でも忙しくて頭をリセットしたいときや、トレンドの曲を聴きまくって頭がパンパンになったときに聴くようにしています。いつ聴いても音がいいし、ダイナミクスがあって気持ちいい。邦楽でこれを超えるアーティストに出会ったことないかも……。

渡部 遊＝文

# 大石昌良／オーイシマサヨシが音楽表現を打ち立て、エンターテイナーとしてのイメージを築くうえで特に影響を受けた本、音楽、映像を公開する。

BOOK

**『ノルウェイの森』**（著・村上春樹）

僕のバイブルで年に1回は目を通してます。20歳のときに初めて読んでから擦り切れるくらい読んでる小説です。サウスケでデビューした21歳のときは、情景描写をする歌詞がとても流行ってて。僕らのバンドも村上春樹さんの世界観や文章を自分の歌詞にしょっちゅう投影してましたね。

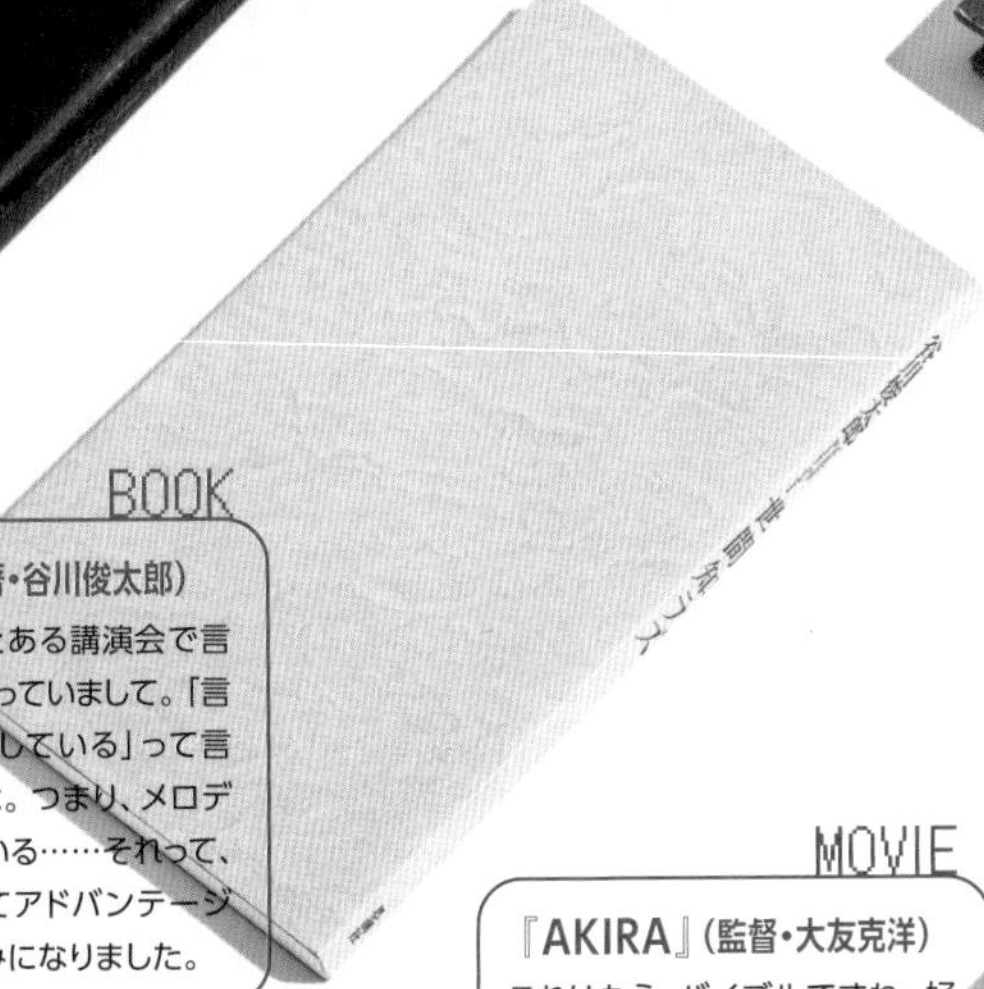

BOOK

**『世間知ラズ』**（著・谷川俊太郎）

谷川俊太郎さんがとある講演会で言われた言葉が心に残っていまして。「言葉はメロディに恋をしている」って言われていたんですよ。つまり、メロディに対して嫉妬している……それって、僕ら作曲家はなんてアドバンテージがあるんだって励みになりました。

MOVIE

**『AKIRA』**（監督・大友克洋）

これはもう、バイブルですね。好き、大好きな作品です。ディストピアな世界観が大好きですし、いつ観ても色褪せないですね。『AKIRA』が好きっていうのはひとつのステータスでもありますし(笑)。知ってるだけ、好きでいるだけで自分のことを誇らしく感じていました。

MOVIE

**『耳をすませば』**（監督・近藤喜文）

ジブリ作品でいちばん好きなのが『耳をすませば』です。主人公の雫が初めて物語を書くけどうまくいかなかった。でも、それってプロの世界に飛び込んだという証ですよね。以前、大島渚監督が「人生に一本は奇跡的にいい映画が撮れる、けど奇跡的に二本目を撮れるのはプロの所業」と言っていて。プロとして常にいい曲を作ることの大変さは身にしみてわかるので、特に響く作品です。

MOVIE

**『時をかける少女』**（監督・細田守）

細田守監督作品のエバーグリーンな感じが好きで。あとはストーリーの構成が見事だと思っています。1時間半ないし2時間の中で、全部伏線を回収してくれるし、スタート地点とゴールがあるのでモヤっとしない。クリエイターエゴより視聴者への説明が優先されているように思います。

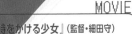

LECTURE

教えてオーイシ先生!

# オーイシ流アニメソングの作りかた

冨田明宏＝文

オーイシの楽曲制作のひとつの特徴に原作至上主義というのがある。タイアップ曲はどの曲も、原作をとことん愛して作品の世界観を尊重した楽曲づくりを行なっている。では、実際にどのようにアニメソングを作っているのか。これまでに手がけた楽曲を例にアニソンの作り方をレクチャーしてもらった。

## ▶STEP1「なにが求められているかを聞く」

「世界が君を必要とする時が来たんだ」は、『トミカ絆合体 アースグランナー』の主題歌として求められているテーマとか要望とかがすごくハッキリしていました。まず要望としてあったのは〈子供向けアニメ〉の主題歌であるということ。子どもたちがTVを観ながら歌ったり、掛け声を入れたり、フレーズを連呼できたり、そういう要素を入れてほしいという要望がありました。さらにキッズ向けの作品ってだいたい4クール、つまり1年間主題歌も流れ続けるので、飽きずに愛してもらえる曲で、なおかつ一緒に歌ってもらえるような曲にしなければいけなくて。あと要望としては「できれば作品タイトルも入れてください」ですね。そういった要望を一つひとつ拾い集めて構成に組み込みながら、いかにスマートにメロディと歌詞に落とし込んでいけるか。そこが腕の見せ所だし、一番頭を使うところです。

## ▶STEP2「原作や資料を読み込む」

僕の場合、だいたいオンエアがはじまる1年以上前からオファーをいただくのですが、その間に原作があれば原作を読んだり、台本やキャラクターデザインとか、いただける資料はすべていただいてイメージを膨らませながら楽曲を書いていきいます。ただ僕がほかのアニソン・クリエイターの方と作り方が違うところを挙げるなら、原作をいただいてからすぐに作るんじゃなくて、半月もしくは1カ月くらいは絶対に寝かすところですね。「宵越しに書いたラブレターを昼間読んだら死ぬほど恥ずかしい!」というのに近くて、原作を読んでホットな状態で作りすぎると、ボタンの掛け違いが起きやすいんです。だから冷静になるためにも一回寝かす作業を挟みますね。

## ▶STEP3「監督に会って話を聞く」

あと『アースグランナー』のときがそうだったんですけど、「監督にお会いしたいです」とお伝えするようにしています。監督の顔が見えないままテキスト上だけでリテイクのやりとりをすると、温度感が読み取れないからコミュニケーションに齟齬が生まれがちになるんです。当たり前ですけど、監督さんはきっと誰よりも作品を大勢の人に届けたいはずで、よくするためにリテイクをくださるわけですけど、それに僕たちも全力で応えたいじゃないですか。そのコミュニケーションを上手くとるために、まず顔を合わせておく。「こういう口調で話される方なんだ」とか、作品に対する思いとかがわかるだけで、テキストベースのやり取りになっても理解度が全然違うんです。ハッキリ言って、テキストだけのやり取りって僕は超怖いんですよ(苦笑)。

## ▶STEP4「作品のファンになる」

僕は職業音楽作家さんみたいにたくさん曲が作れるわけではなくて、一曲入魂、一作品入魂みたいなところがあるから、できる限りその作品の大ファンになってから曲を書きたいんです。じゃないと僕の場合、嘘がバレちゃうから。だから一曲のカロリーもめちゃくちゃ高いし時間もかかっちゃうんですけどね。でもこれが僕なりの「アニソンの作り方」かなって思っています。

**今回講義で使用した楽曲**

「世界が君を必要とする時が来たんだ」(2020・6)

# PART2 大石昌良

## 地元・青春・音楽

オーイシマサヨシが自由自在にアニソン界でその才能を発揮できるのは、地に足ついた大石昌良という存在があってこそのもの。1980年生まれ、愛媛県宇和島市出身。中学生のときに独学でギターを学び、大学で仲間たちとバンドを組んで早々にデビュー。愛媛、神戸、東京、そのすべての土地を音楽とともに過ごし、その経験が大石昌良の音楽人生に影響を与え、今の大石を支え続けている。現在はソロアーティストとして活動するほか、作家としての活動もこの名義を使っており、数々のアーティストに楽曲を提供している。この章では、大石昌良と母の対談を中心に、これまで手がけた楽曲を振り返りながら地元を過ごした少年時代から現在まで、地続きとなって今につながっている大石の音楽への憧れや思いに触れていく。

# 「素顔」

撮影＝上澤友香

対談

# 大石と母
# 家族が一番のファンであること

**〈遅咲きアーティストの星〉とも言われる大石昌良。彼の人生は決して平坦なものではなく、大志を抱き生まれ育った愛媛県宇和島を飛び出して以降、さまざまな艱難辛苦を乗り越え今がある。そんな彼をどんなときも支え、温かく見守り続けた家族の存在。アニソン・シーンが誇る希代のエンターテイナー＝オーイシマサヨシは、いかにして育まれたのか。宇和島にいる彼の母親とのビデオ通話から、はじめてその背景が浮き彫りになった。**

――わりと頻繁にLINEなどでやり取りはされているとお聞きしたのですが。

**母**　そうですね。本当に些細なことでも連絡をくれるので。

**大石**　最近やり取りしたのは、お中元のことだったっけ。地元の宇和島から毎年「じゃこ天」を送ってくれるんですけど、「その日なら家にいるから受け取れるよ」みたいな。

**母**　そうそう。「いつ家にいるの?」って。いつもすぐに返事がきますから。

**大石**　母親に即レスしてる41歳の息子ってめっちゃ寂しいやん（苦笑）。

――優しいなぁ。

**大石**　僕が出ている番組とか配信ライブとか、全部観てくれているんですよ。だからだいたいライブが終わったタイミングで「お疲れさま」ってLINEが入ってるんです。だから「ありがとう。また観てくれたんや」って返したり。あとファンクラブにも入ってるし（笑）。

――お母様が一番のファンですね。

**母**　うふふ。そうですね。

――その関係は昔から変わらず?

**母**　仲はずっと良いですね。本当に優しい子なんです。地震があったら「大丈夫かー」、雨が降ったら「大丈夫かー」って。もう些細なことでも心配しては「どんなー?」「どんなー?」って連絡が来るんですよ。いつも優しいから、私も一緒になって同じように「そっちも大丈夫?」って言ってはLINEしたりしてます。

**大石**　反抗期とかはほぼなかったよね。

**母**　なかったよ。全然ね。

**大石**　そもそも母親が僕のこと大好き過ぎるんですよ。それがもう、息子として好きとかじゃなくて、たぶん男として好きで。

**母**　うふふふ（笑）。

**大石**　過去に一回事件があったんですよ。大学生のころだったかな。バンドでデビューしてまだ間もないころ、実家に里帰りしてベッドで寝てたんですよ。そんで起きたら目の前に母親の顔があって。「……え、なにしてんの⁉」って言ったら、母親が「チューしようと思てん」って。

**一同**　（笑）。

**母**　あんたよう覚えとるねぇ（照笑）。寝顔がちょっとかわいかったから、寝ているうちにチューしようとしたんですよ。そしたら起きちゃって。

**大石**　昔からお茶目なんですよ。あと僕はひとりっ子だったから。

**母**　甘やかしてましたね。

**大石**　まあそうね（苦笑）。すべての愛情を注いでくれました。

**「今日は100点!」とか言ってやったら、「やった!」って喜ぶじゃない。それがかわいいし楽しくて（母）**

――手がかかったことはありましたか?

**母**　なかったですよ。でもやんちゃな子でね。おでこにたんこぶ作っては、おばあちゃんがアロエを切ってきて塗りこんだりして。

**大石**　そうだった。

**母**　いつも庭石の上で「へーんしん!」とかってやりよってね。



冨田明宏＝文

**大石**　そうそう。昔からヒーローに憧れてたんですよ。小学校1年生とか幼稚園の年長組のときの写真では、ほぼほぼ変身ポーズで写っていましたから。あと幼稚園のころから歌は好きだったと思うな。

**母**　おばあちゃんがねえ、カラオケ教室に行ってたんです。一緒におばあちゃんに連れられてはカラオケを歌いに行ってましたねえ。

**大石**　うちのばあさんは宇和島一ビブラートがキレイなおばあちゃんだったから（笑）。歌が好きになったのはおばあちゃんの影響かもしれないな。幼稚園とか小学校のころから歌が好きだったけど、僕らの時代はまだ近所にカラオケボックスとかがなかったから、自然に気持ちよくエコーがかかるお風呂場で歌謡曲とかを歌っていて。その歌に毎日、母親と父親が点数をつけてくれていたんですよ。覚えてる？

**母**　覚えてるよ。お父さんが歌に詳しいけんね。私は音痴なんですけど、お父さんが歌が好きで。よくふたりでデュエットしてたもんね、「あずさ2号」とか。

**大石**　いまだに実家に帰ったらふたりで宇和島の「狩人」になりますから（笑）。「8時ちょうどの～♪」でちゃんとハモるっていう。思い出したけど、僕がお風呂で「昴」とか、チェッカーズとかマッチ（近藤真彦）とか歌って、両親が点数をつけてくれて。「今日のまーくんは○○点やな」とか「今日はうまかったから、まーくん100点あげるわあ」みたいなことをずっとしてました。子どものころって親にほめられるのが一番うれしいじゃないですか。

学校でもらえるどんなトロフィーよりもうれしかった。だから毎日歌っていたし、毎日両親からトロフィーをもらっていた感じですね。

**母**　私たちも子どもが喜ぶ姿がみたいから。「今日は100点！」とか言ってやったら、「やった！」って喜ぶじゃない。それがかわいいし楽しくて毎日やってたね。

**大石**　「音楽で飯食いたいわって」打ち明けたのっていつぐらいだったっけ？

**母**　TUBEのライブを観に行ったときに刺激されたみたいで。お父さんと一緒に観に行ってね。

**大石**　そうだった……！

――TUBEのライブ？

**大石**　小学校6年生のときに、宇和島の丸山球場にTUBEがライブツアーできてくれたんですよ。

**母**　あのあと「すごく良かった」ってね。影響されていました。

**大石**　そうだった。確かにめちゃくちゃ刺激を受けました。「え、プロのライブって水出るの!?」とか。「それはTUBEさんやから！」って言われて、大人になってからわかったんですけど（笑）。

**母**　あとおばあちゃんがギターをもらってきて。それを持って初めてギターの練習をはじめたよね。

**大石**　それが中学校1年生のときで。僕の友達のお兄ちゃんがベースを弾いてたんですよ。でも当時はベースなんて知らなくて、弦楽器は全部ギターやと思ってて。それでベースを弾いてるのを見てかっこいいと思ったから、うちのばあさんに「ちょっとギター、なんとかもらわれへんかな？」って言ったら、次の日だったか親戚のおばちゃん家からもらってきてくれて。クラシックギターだったんですけど、そのギターを弾きはじめたのが僕にとって音楽のスタート地点です。中学校1年生の1学期だったかな？

**母**　そうそう。あの日から、この子の部屋からギターの音と歌声が聞こえてくるようになって。ずっと独学でね。本を買って弾けるようになって。私は全然わからないから聴くだけでしたけど。

**大石**　僕の部屋からサイモン&ガーファンクルの「冬の散歩道」が聴こえてきたときはどんな気分やったんやろ？

——そうか、あの当時はドラマ『人間・失格』の主題歌だったから。

**大石**　そうそう！　あの暗いメロディが部屋から聴こえてきたら、俺が親なら覗きに行くもん（笑）。「うちの子大丈夫か？」って。でもギターをはじめて、すぐに曲も書きはじめたんですよ。

**母**　そうだったね。

**大石**　おかんにさ、中学校のときにオリジナル曲披露したことあったっけ？

**母**　なんか変な歌やなーって。

**大石**　変な歌だと思ってたんや……今

この人、変な歌言うたよ……。

**母**　この子が「作ったんよー！」言うてね。歌ってくれたことがありました。

——でも普通は親にオリジナルソング聴かせるのって、恥ずかしいと思いがちの年齢だと思いますよ。

**大石**　多感な時期ですもんね。確かに普通は一番避ける観客が親かも。

——きっと小さいころから、子どもの歌の才能を認めてあげたり、ほめてあげてきたからですね。

**母**　でもまさかねえ、こんなふうにアーティストで生活できるようになるとは思わんかったんです。だけどね、この子が歌っている姿を見てたら、本当に楽しそうに歌うんですよね。小さいころから。

**大石**　中1くらいから「プロになれたらいいなあ」みたいな思いはあったんですけど、本格的にプロになりたいと思ったのは、高校1年生の終わりぐらいだったかなって。進路相談もしてたんですけど、おかんにも確か「高校卒業したら専門学校行きたいわ」って。

**母**　音楽学校とか行きたいなって。

**大石**　言ってたよね。でも、その当時の僕は成績もそこそこいいほうだったんで、4年制の国公立の大学に行こうということになって。「4年間のモラトリアムを獲得したほうが、お前の身のためだぞ」って、その時の進路指導の先生に言われたんですよ。それで大学の軽音楽部で組んだバンドがSound Scheduleだった。

**ひとりっ子なんで、本当はね、近くにいてほしかったですけど（母）**

――そして在学中にデビューするわけですね。

大石　今だから聞くけど、送り出すときどんな気分だった？　ひとり息子を遠くの街に送り出す親の心情って。

母　やっぱり寂しかったよ。寂しかったけど、夢を持って大学へ行って、バンドとかやりたいっていうのはわかってたんで。意思も固かったもんね。それは応援してあげようとはずっと思ってました。ひとりっ子なんで、本当はね、近くにいてほしかったですけど。

大石　でも確か当時、「大阪より上には行くな」って言ってたよね？

母　そうそう。だって大阪だったら、なにかあったときに車で行けるからね。

――親心ですね。

大石　泣かせるでしょ？

母　大阪くらいまでだったら、なにかあったらすぐ車で走って行けるからって。お父さんと話してたから。

大石　実際、大学1年生のときにインフルエンザで40℃の高熱が出て、うちの父親が神戸まで迎えにきてくれましたからね。

母　夜中に走ったんですよ。正月前やったよね？

大石　そうそう。

母　正月に帰るバスのチケットを取ってたんですよ。それなのに「熱が出た～」言うて。夜にお父さんが仕事終わってから車で走っていって。そのままその足で連れて帰ってきて。帰ってきたらケロッとしとったもんね。熱も下がって。

大石　なんか安心したんやろね（笑）。

母　お父さんがあっちでうどん食べさせたって。

大石　そうだった。うちの父親って本当に1ミリも料理できない人で、仕事しかしない亭主関白な父親なんですけどね。そのときだけ、コンビニかなんかで鍋焼きうどん的なものを買ってきてくれて、コンロに火をかけて食べさせてもらったんですけど、もうあの味は一生忘れへん。めっちゃ焦げ臭かったんです（笑）。ただ五臓六腑に沁み渡るとはこのことかと。ずっとごはんを食べてなかったし、ひとり暮らしして初めての病気だったなって。

母　よく熱を出す子で、こっちで心配しとったもんね。

**父親が息子の夢を追いかけることに対して、すごく献身的だったから……（大石）**

――小さいころから昌良少年に対して優しく寛容なご両親であることが伝わってくるエピソードでしたが、ひとり息子が音楽の道に進むことに対して、心配はありませんでしたか？

母　いやあ、私はもちろん心配もあったと思いますけど、お父さんがすごく賛成してましたので。

――へえ！

母　「本人がやりたいことをやらせえ！」って。私もそれを聞いては「そやね」って話してたんですけど。

――お父さん、かっこいいですね。

母　なんせ協力的でしたよね。学生のころから庭にスタジオ立ててやったりね。ビールの空箱を集めてきて裏返して並べて、ステージをこしらえてやったり。

大石　愛媛の宇和島市っていうところは当時、スタジオもライブハウスもない場所だったから。「なかったら建てればいい」ってうちの父親に言われて。うちは田舎だから土地だけはあったんで、余った土地に掘立小屋みたいなスタジオを建ててもらって。そこに当時のバンドメンバーの機材を持ち寄って、毎日練習できるようにしてくれたんですよ。

母　そうだったねえ。

大石　「ライブする会場がないんだ」って父親に相談したら、「待っとけ。お父さんがステージ作ったるから」って。カラオケのパーティルームの大きいところを借りて、そこにトラックで乗り付けて、空のビールケースを山ほど運び込んで。そのうえにベニヤ板敷いて、絨毯敷いて。「ここでやれ」って。

――しびれますね。

# 愛媛から
# お取り寄せアルバム

生まれたてから宇和島を出てちょっとまでをどうぞ

3歳（1983年）

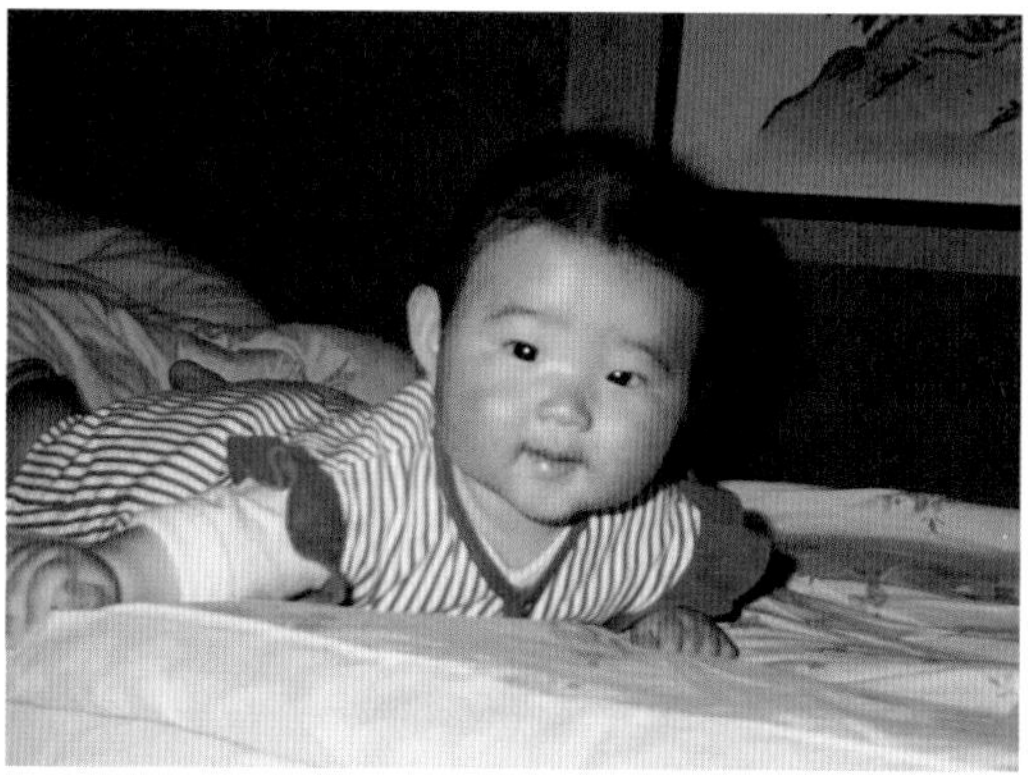

0歳（1980年）

6歳（1986年）

3歳（1983年）

15歳（1995年）

11歳（1991年）

10歳（1990年）



大石母＝資料提供

15歳（1995年）

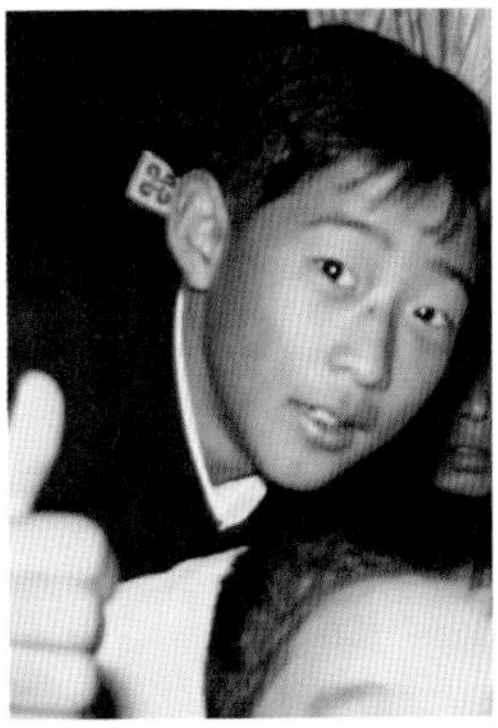

14歳（1994年）

17歳（1997年）

16歳（1996年）

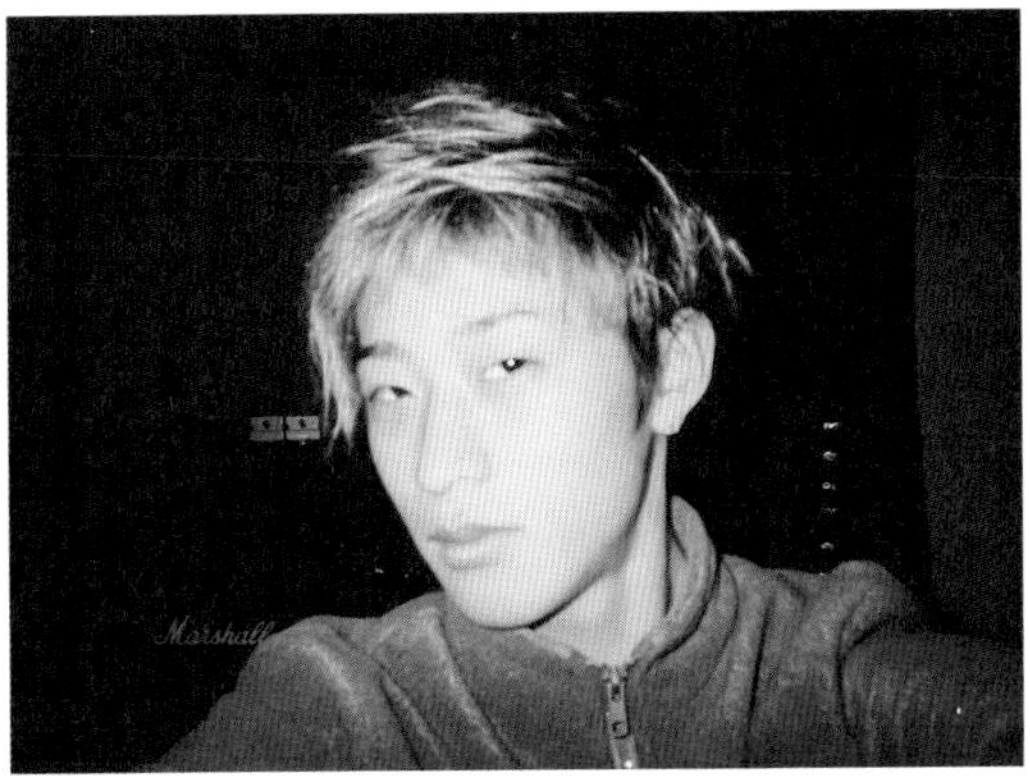

19歳（1999年）

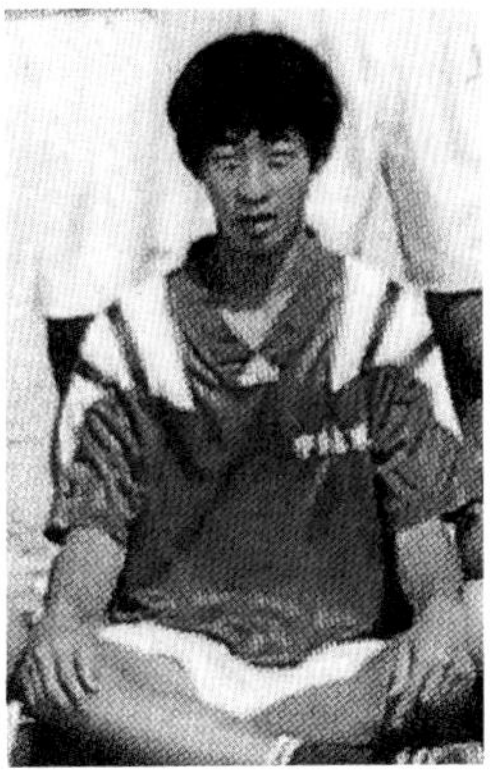

18歳（1998年）

20歳（2000年）

20歳（2000年）

**大石**　いや、ほんまにかっこいいんですよ。宇和島って昔から音楽不毛の地って言われてたんですけど、父親が息子の夢を追いかけることに対して、すごく献身的だったから……。

**母**　すごいねえ、あんたも努力したよねえ。

**大石**　父親があんなにしてくれなかったら、練習する場所もなかったし、披露する場所もなかった。バンドでやっていこうなんて夢は、見られなかったかもしれないね。でも、あんなお父さんを見てオカンはどう思ってたの？

**母**　お父さんが言うことにお母さんは右に倣えだから。「はいはい」で（笑）。

**大石**　昔ながらの家だからね（笑）。

**母**　私も応援してましたので。

――それだけ応援してた息子がSound Scheduleとしてメジャーデビューしたときは、ご両親もうれしかったでしょうね。

**母**　そうですね。最初のワンマンライブも観に行きましたから。

**大石**　神戸のときか。

**母**　そうそう。「ここで初めてするけん。来て！」って電話があったけん、「もちろん行くよ」って。年に2、3回はねライブを観に行っていました。

**大石**　ばあさんもよく来てくれてたっけ。HEP HALLっていう大阪のホールでやったときに、あまりにもお客さんが飛び跳ね過ぎて、うちのばあさん会場の揺れに耐えられなくて「床が抜けるー！」ってずっと言ってたらしくて（笑）。90分間ずっと床が抜ける恐怖と戦ってたらしいです。

――かわいそう（笑）。

**大石**　でもいまだに大阪のライブはばあさんも来てくれるよね。

**母**　そうなんですよ。ずっとこの子の歌が好きでねえ。おばあちゃんも一緒になっては観にいきよったり。コロナでね、去年からずっとライブに行かれなくなったし、ちょっと寂しいんですけどね。また行けるようになったら、行くけんね。

**大石**　いいでしょ？　うちの家族。

**「すごいねえ。あんたの息子は」**
**言うて、**
**ふたりでほめ合いっこですよ（母）**

――でもそんなお母様から見て、さまざまな紆余曲折の中でバンドが解散、その後なかなか上手くいかない音楽活動を送る息子のことを、どのように思われていました？

**母**　その都度、相談はしてきてたんですよ。バンドを解散するときもね。私らは「もうまーくんの思うようにしたらいいわい」って。本人の意思で決めなさいと。でも30歳を過ぎたときに、私としては……もうちょっとねえ、家庭持ったり、ちょっとは落ち着いてほしいなあいう気持ちは正直に言うとあったんです。でもね、このときもお父さんが「やりたいことやらしたらええが！」って言って。本当に鶴の一声で。私も「わかった。お父さんがそれでいいんやったらいいわい」って。いつも本人の意思を尊重する父親で、ねえ？

**大石**　そう。今思い出したけど……31歳のときに、僕はピザ屋さんでアルバイトをしていて。音楽でメシが食えなかったことも両親には相談していたけど、親に仕送りをさせるわけにはいかんと。そうは言っても、たとえば実家に帰ってごはんを家族で食べにいったのに、まだ家族に自分の稼いだお金でごちそうすることもできていないことに、結構な劣等感があったのは事実で。だから本当のことを言うと、お金もないし、「もう音楽はやめどきなのかな」と思いはじめていて。そんなとき、父親が僕に言ったんですよ。「まーくん。この家も土地も、お前のものやからな」って。全部お前の資産だからって。そんなこと言ってたよね？

**母**　うん。

**大石**　ほぼ文無しの状態で、30歳を過ぎても夢を追いかけてる、ボロボロのジーンズを履いた青年、というかもうおっさんですよ。そんな息子に対して、自分が築いてきた資産を投げ売ってでも応援する覚悟があるって、ちょっともう、我が父親ながら……。あの言葉が無性にうれしかった。あの男気にはかなわないですね。

――かっこいいお父様ですね。

**大石**　本当に。その言葉で背中をバシーン！と叩かれた気分になったんですよね。だからまた東京で頑張れたというか。あのころは勝手にひとりで戦っている気分だったけど、本当は違ったんですよ。僕にはずーっと応援してくれている家族がいたんだって。あとオカンからも言われたことあったっけ。「武士は食わねど高楊枝」じゃないけど、東京で上手くいってなかったのに宇和島に帰ると妙にかっこつけていた自分がいて。そうしたらオカンが「かっこつけるのは東京だけにしとき」って。「宇和島に帰ったときくらい、いくらでも甘えてええからな」って言われて。

**母**　うん。覚えてるよ。

**大石**　これは親に相談したかどうかは覚えていないんですけど、バンド解散して、大石昌良でソロ活動するキッカケになった出来事があって。僕が22か23歳のころ、じいちゃんが死んだんね？

**母**　そうやね。

**大石**　そのときに、宇和島の歌を作りたいってなって。でも宇和島の歌をバンドで歌うのはちょっと違うし、もっとパーソナルなところを見せたくなったからソロ活動したいんだっていう。当時なんとなくそんなことを言ってたような気がするんですけど……それが「ほのかてらす」っていう曲で。その曲でソロデビューするんです。

**母**　お父さんがよく言ってたっけ。「『ほのかてらす』はまーくんがソロデビューのために置いとく曲じゃあ」言うて。絶対に「ほのかてらす」でまーくんはソロデビューするよって、随分前からお父さん言ってたから。

**大石**　じいさんのお通夜のときだったかな、宇和島に帰ってきてたんですよ。じいさんの死に顔見ながら、じいさんの棺桶の前でギター弾いてたんです。

**母**　そうだったね。

**大石**　ずっと曲、書いてたんですよ。そのときの気持ちを忘れないようにと思って。それが「ほのかてらす」になったから。懐かしいね。僕には家族に対して昔っからいいイメージしかない。だから亡くなったじいさんに、なにか恩返ししたいみたいな気持ちがあったんでしょうね。じいさんが生きている間に、アーティストとしてなにもしてやれなかったから。あんなに大好きだったのに。

――お母様は現在の大石さんの活躍をどのようにご覧になっていますか？

**母**　すごく誇らしいです。自慢の息子ですよ。近所の人にも「すごいねえ」って言われるし、親戚たちからも「すごいねえ、まーくんは」って。やっぱり誇らしいですよね。田舎にいてもキンカンのCMはよく流れているしね。

――お父様はいかがですか？

**母**　「すごいねえ。あんたの息子は」言うて、ふたりでほめ合いっこですよ。

**一同**　（笑）。

――現在大石さんは多忙な日々を送っていますが、心配ではないですか？

**母**　体のことだけですよね、心配なのは。これからはちょっと仕事セーブして、マイペースにぼちぼちやってほしいとは思うんですけど。体だけは壊さないようにしていただきたいです。

**大石**　父親からも口酸っぱく言われていますから。「体が資本だぞ」って。父親も大工や漁師をやってて、いわば職人だから。

**母**　健康のことだけが心配ですけど、あとは言うことないですね。

**大石**　ばあさんが最近、YouTubeにかじりついて観てるんでしょ？

**母**　一日中観てるよ。朝起きたらセットしておいてあげるんすよ。「オーイシマサヨシ」で。次々に動画がつながっていくから。

**大石**　たまにおすすめの動画で別のアーテイストが出てくると「これ誰ぞ？」って言ってるって（笑）。

**母**　たまに出てくるからね。

**大石**　毎朝Twitterに「おはよー！」とつぶやいていますけど、たまにつぶやかないとオカンから連絡来ますからね。

**母**　この子がつぶやいたら通知がきますから。「だから今日の朝はおはようがなかったけん、ＬＩＮＥしたんよ」って連絡して。

**大石**　僕が朝「おはよー！」とつぶやかないと、心配した母親とキンカン社から連絡が来るんですよ。

――キンカン社からも!?

**大石**　マネージャーのところに「今日オーイシさんの朝の挨拶がなかったのですが、大丈夫ですか？」って（笑）。家族とキンカン社に心配をかけたらアカン！ということで朝の挨拶が義務化されてしまいました（笑）。

**母**　支えてくださっている皆さんにちゃんと感謝してねえ。本当に、今があるのは皆さんのおかげだと思ってるし、もちろん本人も努力して頑張ってきたからだとは思うんですけど、こういう世界はきっかけを与えてもらわないと難しいやないですか。みんなのおかげだって感謝の気持ちを忘れずに、これからも頑張ってほしいですね。

**大石**　ベテラン歌手みたいなこと言ってるけど（笑）、本当にその通りですね。やっぱり遅咲きアーティストにとって一番の関門って親やと思うんです。でもうちの両親はすごく寛容だったし、いつも僕に優しかった。あと両親が健在で、ばあさんも健康で、だから僕はあきらめずに東京で頑張ることができました。だからさっきの言葉をそのまま返しますけど、両親にはいつも絶対に健康でいてほしいです。

**母**　本当にありがとう。

**大石**　僕のことを誇りだと言ってくれますけど、僕はまだまだ故郷に錦を飾れたとは思っていないから。僕が頑張ることで、両親やばあさんや親戚のみんなに、もっともっといい思いしてもらいたいから。宇和島を肩で風切って歩くような。

**母**　うふふふ。今でも私達は十分満足してるんですけど、本人がまだまだ頑張るって言うんだったら、それを応援するだけです。私は口下手でしゃべりはあんまり上手じゃないんですけど、子どもがこうやって活躍してくれているので、少しでも力になればと思って。

**大石**　今日は本当にありがとう。また電話するね。

**母**　はいはーい。これからも息子をよろしくお願いします。

（通話終了）

## 対談を終えて――

――大石さんのお母様、最高すぎますよ。話し聞いてて涙出そうになった。

**大石**　最高の母親でしょ？　なんかちょっと冨田さんと距離近づいた感じあるもん、母親を紹介できたから。

――ご実家にお邪魔して晩飯ごちそうになった、くらいの距離感になった気がする（笑）。

**大石**　そのあと風呂入ってもらって部屋着貸したくらいの距離感にはなったかも（笑）。

――こりゃ『コーシキブック』が宇和島の、いや愛媛の……四国の本屋から消えるかもなぁ。

**大石**　あの感じだと確実に宇和島からは消えるかもな（苦笑）。

――お母様もすごいけど、お父様のあの言葉すごすぎますね。

**大石**　しびれますよね。

――あの言葉の裏には、いくつかの意味があるなって思ったんです。「ここはお前の家だし、いつでも帰ってこれるんだから死ぬ気でやってこい」という意味にもとれるし、「俺たち家族の財産を、お前の好きなように使っていい」にもとれるし。どっちにしたって親父として一度は言ってみたい言葉ですよ。

**大石**　あの言葉に嘘がないってことは、あの父親の息子を何年もやってきたからわかるんですよ。ドラマより現実の、血のつながりがあるからこその感動がありましたね。今日、母親と話しながら改めて思ったのは、僕はこの両親の子どもで良かったってことです。そして宇和島で生まれて良かったなって。

――変な話、普通の親って簡単に子どもに対して心無いことを言ったりするんですよ。「いつまで夢なんか見てるんだ！」とか。でもその言葉にも親なりの愛があるんですけどね。ただ今日大石さんのご両親について聞いていて、改めて子どもの人生を尊重することこそが一番の愛だと思いました。でも、簡単には真似できないですよね。

**大石**　ただ本当のことを言うと、子どものころは父親がすごく苦手だったんですよ。寡黙な人だったから、なにを考えているかわからなかったし、存在自体が怖かったというか。でも大学に行くために愛媛を離れてから、めちゃくちゃ優しくなって。僕の夢に対してものすごく応援してくれるようになったんです。そのときはじめて僕も「この人、ただ不器用なだけだったんだ」って気が付いて。

――なるほど。

**大石**　僕にも理解力がなかったし、父親も息子との接し方がわからなかったんだって。でも間違いなく子どものころから、ずっと大きな愛は存在していました。じゃないとスタジオ建てるとか言わないから。故郷を離れたことで気づかされたことですね。

――でっかい存在ですね。

**大石**　そうですね。本当に偉大な存在です。あとこうやって本が出せることも、親孝行のひとつだなって思えました。今日はありがとうございました！

インタビュー

# 石井由紀子（マネージャー）
# 対等な関係から生まれる信頼

**2017年の6月からオーイシのマネージメントを担当する石井マネージャー。膨大な仕事量を抱えながら、さまざまな現場で果敢に挑戦している彼の姿をマネージャーはどのように見ているのだろうか。**

　担当して1週間でO×Tの海外ライブのお仕事でテキサス出張に行ったのですが、メンバーとの関係値がゼロの中の海外なので、3人それぞれめちゃくちゃ気を遣っていたと思います。実際に現地ではいろいろとハプニングがありましたが、ちゃんと準備して行ったので、なにか起きてもだいたいのことはなんとかなりました。それを機に、現場を重ねていくたびに少しずつ信頼を得られていたような手応えはありましたね。後にも先にも忘れられないお仕事であり、良い思い出です。

　仕事は想像以上に多くて、量感で言うと毎日タスクを達成するのに精一杯。大石さん自身も言っていますが、基本的にNGがほとんどなくて。なので依頼を断らないで、まずはやってみる精神でお仕事を受けているうちに気づいたらこんな状態になっていました（笑）。命の危険が伴うのはさすがにNGですけど、『ピザラジ』もだいぶ体当たりですし、本当にNGがないですね……。あと、オーイシマサヨシそのものが大石のコンテンツでもあるので、まずは本人の意向を尊重した上でどうするか、ですね。本人または事務所のいずれかに決定権がある、というよりも二人三脚で仕事をしている感覚です。

　それで思い出したんですが、担当して1年経ったころ、「オトモダチフィルム」リリース直後で地方のインストアイベントの帰りの新幹線だったと思うのですが、その当時、iTunesの総合ランキングやオリコンデジタルシングルデイリーランキングで1位になっていたんです。新幹線の車内で大石さんが急に「僕がランキングやチャートで1位を獲ったりするのって、石井さんはうれしかったりするんですか?」と聞いてきて。食い気味に「うれしいに決まってるじゃないですか!!」と答えましたけどね（笑）。そのときはなにを確かめられたのかよくわからなかったんですけど、ほかの現場でも、「僕にとって（石井さん）はビジネスパートナーですね」と言われ、実際にいつも対等に接してくださっていますが、私自身のことをそこまで高く評価してくれているんだ……と本当にうれしく思ったのを覚えています。

　一緒にお仕事をしている中で一番やりがいを感じるのはやっぱりライブでしょうか。準備はとても大変なのですが、お客様の満足げな表情を見ると開催できて良かったなって達成感でいっぱいになります。これからちょうど9月のワンマンに向けて準備が忙しくなりますが、過去最大規模のライブになりますからなんとか成功させたいです。

　唯一心配なのは、健康ですね（笑）。スタジオに籠もっての音楽制作と表に出る仕事との両方で詰まっているときが結構あるんですが、そういうときは忙しくて寝てないとか、明らかに顔が疲れていたりするので心苦しく思います……なので、現場では少しでも大石さんが仕事をしやすい環境づくりを心がけています。もう40代なので、お仕事頑張りつつ大石さん自身の体のこともたまには労ってあげてほしいです。

いしい・ゆきこ　CAT entertainment 株式会社取締役、マネージメント

## マネージャーがとらえた現場の大石／オーイシ

本書の取材のほか、レギュラーの仕事や弾き語りのワンマンライブを控えた、お仕事づくしの7月下旬の数日を石井マネージャーのカメラがとらえた

**大石**　大阪ワンマンライブゲネ。ライブに向けていろいろ調整中です

**オーイシ**　『夜ぺケ』ロケ中。ヲタク全開!の図

**大石**　取材日。本人私服コーデです。赤坂アカ先生と対談しました

**大石**　大阪ワンマンライブ前乗り。大阪入りの自撮りを盗撮（笑）

渡部 遊＝文

密着取材

# リハのある一日

7月27、28日の二日間行われた『大石昌良の弾き語りラボ～大阪の秘密の研究室～』のリハーサル現場に密着。これまで『エンターテイナー』のMV撮影と『ピザラジ』ロケを密着してきたが、この日は本書以外の撮影はなく、加えてさほど広くないスタジオの一室に籠もりきりなので、どことなくいつもより近く感じることができた。カメラを向ける我々に「今日、撮影あるならこんなゆるい服（着なかったのに）」、「まだ僕は（本書の取材を）週刊誌だと疑ってますよ？（笑）」と、場を和ませる。

渡部 遊＝文　飯本貴子＝撮影

『弾き語りラボ』は演奏と歌唱、トークすべてを大石ひとりで行う。この日のリハは全部で3回あるリハーサルのうちの2回目。ライブで披露する14曲をセットリストの通り歌いはじめた。1曲目の「ピエロ」の間奏でメンバー紹介（全部「オレ」）を終え、2曲目の「ファイヤー！」で一気に声を張り上げて歌い出した。狭いスタジオ内に本番さながらの声量がガンガン響きわたる。休憩時には、最近のライブ演出についてスタッフたちと雑談。「この透過スクリーン、ライブで使えないかな」など、ほかのアーティストの演出に興味津々。

その後、空調管理をこまめに行い、喉の調子を確認しながら14曲すべてを歌い終えた。歌声と臨場感に思わず聞き惚れてしまったが、リハ自体はルーティン作業として淡々と終わっていったようにその場では感じた。しかし、後々になって思うのは、あの日の大石の姿は自分の表現に迷いがないことの表れだったのかもしれない。コンディションさえ確認できればリハは大丈夫。音楽で人を喜ばせる、大石の表現の真髄に一歩近づけた気がした。

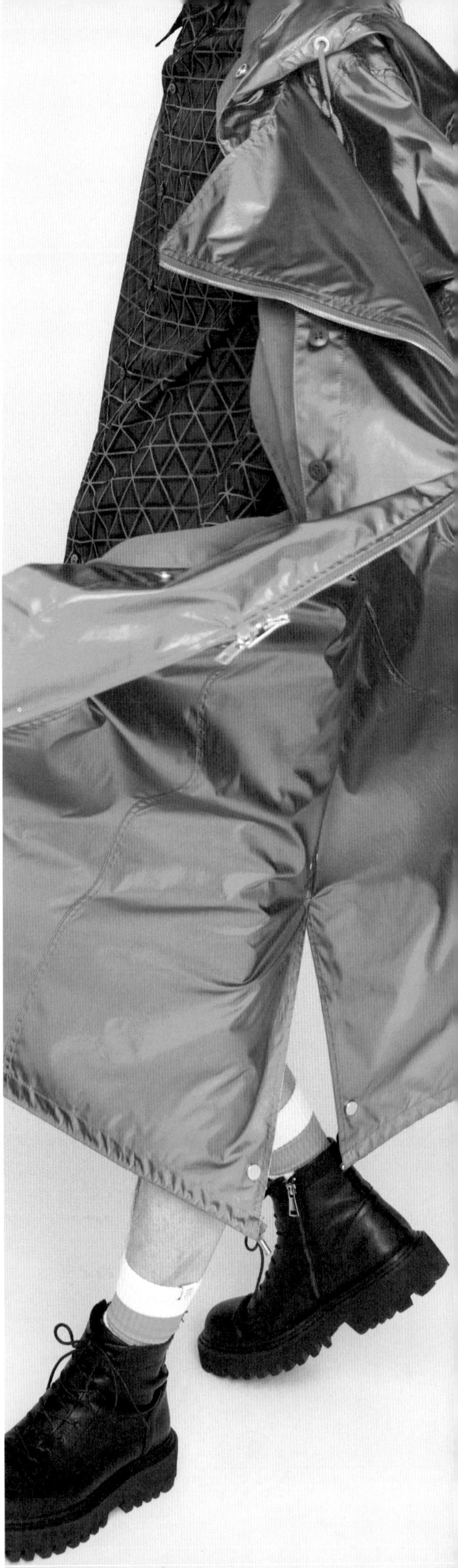

楽曲解説

# 歴代シングルと振り返る大石音楽の試行錯誤の道のり

真貝 聡＝文

他名義の活動と異なりバンドメンバーやアニソン人気に頼らず、アコギ1本と自らの歌声（とトーク）を武器にステージに立ち続けるシンガーソングライター・大石昌良。サウスケ解散前からソロとしての活動を視野に入れ、その後

2008
06

1st シングル

## ほのかてらす

地元がテーマ＝この曲はソロで歌おう！

僕のおじいさんが亡くなった23、4歳のころに書いた楽曲です。原点回帰じゃないですけど、自分の生まれた愛媛県宇和島市のことを歌にしてみたいと思って作りました。このときはSound Scheduleとしても活動していたのですが、「バンドでこれを歌うのはどうかな」と思ったんですよね。やっぱりバンドにはバンドのカラーがあったし、これはよりパーソナルな内容なので、ソロアーティストの大石昌良として歌ったほうが良いのかなと思った。そしてなにより、自分が生まれた街や、自分の住んだ街、自分の人生全部を歌にしていきたいと思ったきっかけになった曲でもあります。今作を作ったことで、僕が生まれ育った宇和島、大学時代に住んだ神戸、大人になって移り住んだ東京の3部作を作ることに決めた。それが、この後に続いていくシングルにつながっていきます。なので「ほのかてらす」は、大石昌良にとってすべてのスタートになった大事な曲なのです。

2008
09

2nd シングル

## うしろのしょうめん

青春時代と故郷の原風景が織りなす……我ながらいい曲

高校時代の記憶を思い浮かべて、実際にあった場所とか情景をイメージしながら書いた曲です。ストーリーとしては、別れ際の男女にフォーカスを当てた歌詞になっています。曲中の「君なんか幸せになってしまえばいい」という言い回しは、相手に対する投げやりさの中に、「幸せになってほしい」という人間味を感じるフレーズです。この表と裏のコントラストこそが、曲を作るときの永遠のテーマなんです。つまり「うしろのしょうめん」には自分らしさが出ている。「大石節」と言われている原型がこの曲にあるような気がします。あとはメロディや歌詞も含めて、楽曲としての力がすごく強いので、改めて良い曲を書いたなと我ながら思います。地元のことはもちろん、自分の中の原風景とか子どものころに見た日常とか、アーティスト・大石昌良になる前のことが詰まっていて、それがノスタルジーな匂いとして内包されていると思います。

はほかの活動と並行しながらもそのスタイルはブレることなく今に至っている。そして彼の音楽は、地元での青春や学生時代の思い出、そして東京での活動から多大な影響を受けている。これまでリリースされたシングルの楽曲解説を本人にお願いしようと思ってはじめたこのインタビューも、思いがけず大石の音楽人生を辿るものとなった。

2009
06

3rd シングル

## ラブ

「ほのかてらす」、「うしろのしょうめん」が収録されている1stアルバム『あの街この街』は地元・宇和島のことを歌ったので、次のアルバムでは大学生になって住んでいた神戸時代のことを歌おうと決めました。アルバムタイトルの『GDアトラクション』ってなんやねんと思うかもしれないですけど、G＝GOD（神）、D＝DOOR（戸）で「神戸のアトラクション」という誰にも解読できない当て字をつけました。思い返してみたら大学生のころって、目に映るすべてがアトラクションだったなと思うんですよね。自分としては初めてひとり暮らしをした街ですし、とても刺激的で毎日が“私生活という名の乗り物”に乗っているような感じだった。そのへんの感情や生活をアルバムにできたらいいなと思い、最初のきっかけとして「ラブ」という楽曲を書きました。サウンドで言うと、もともとビートルズが大好きだったので自分の洋楽ルーツをJ-POPに落とし込みたい時期でもあったんですよね。

GDはGOD DOOR＝神戸。
異論は認めん

2009
10

4th シングル

## 幻想アンダーグラウンド

神戸×ジャズ
スキルも格段に上がってきた

このころジャズに出会ったことで、自分の楽曲にも落とし込もうと作ったのが「幻想アンダーグラウンド」です。これは神戸の市営地下鉄が舞台になっていて、別れた彼女とバッタリ会う。そこから連想して繰り広げられる恋愛喜劇／悲劇みたいな内容になっていて、当時の音楽の趣味が色濃く出ている楽曲ですね。『あの街この街』に比べると、大人なジャズテイストが加わったことによって、ちょっと玄人っぽさというか、音楽IQ的なものが高くなっていると思うし、音も格段に向上させようと意識して作りました。未だに弾き語りやバンド演奏でも歌いますけど、お客さんからもすごく人気の高い曲ですね。こういう高速ジャズとか、高スキルジャズでありながらも歌謡曲要素もあって、この多様性こそが僕がアニメソングを書くときの強みにもなっているし、骨格を作った曲でもあります。ジャズをJ-POPとか自分の音楽の要素に入れはじめたのがこのころだったので、すごく刺激的だったし、ひとつの起点になった曲ですね。

## 2010 10

5th シングル

# ダイヤモンド

※会場限定 CD

### 音楽的な挑戦と次なるステージ東京を

「30代にもなったし、今までと違った形で楽曲を作ってみたい」と思い、別に結婚をする予定があったわけじゃないですけど、結婚に憧れる婚約指輪の曲を作りました。あとはオールマイティなシンガーソングライターを夢見ていたので、このあたりから本格的にＤＴＭをはじめたんです。なので「ダイヤモンド」はトラックメイクから楽器演奏も含めて、完全にセルフプロデュースという形式で作らせてもらいました。20代では打ち出してこなかった、今まと違う実験的な楽曲でもありますね。この後に『31マイスクリーム』というアルバムを作るんですけど、それは31歳のときに作った「マイスクリーム＝僕の叫び」という当て字のタイトルになっています。東京について歌ったコンセプティブな作品で、「宇和島」「神戸」「東京」と作ってきた人生3部作の最終章とも言える1枚。未だによく歌っている山手線を4周しながら作った「東京ループ」とか大切な曲が多いですね。

## 2013 03

6th シングル

# MAGICAL ACOUSTIC TOUR

※会場限定 CD

３ｒｄアルバム『31マイスクリーム』のときに「弾き語りの超絶技巧なアーティストになろう。それだったら食いっぱぐれないだろう」と思って本格的にアコギの練習をはじめたんです。ところが、ステージでハイテクニックを披露してもお客さんには響かなかった。一方的ではなくてお客さんに解像度を合わせてあげなきゃいけない、それを難なくこなしているのは誰だろうと思ったら、大道芸の方たちでした。道行く人が初見で「この人たちはなにかすごいかもしれない」と目を引かれる。その裏にはちゃんと説明だったりとか「すごいことをやっていますよ」という雰囲気作りも欠かさない。まさに、自分に足りないものってそこだと思ったんですよね。そこでエンタメに特化した楽曲作りをしてみようと作ったのが４ｔｈアルバム『マジカルミュージックツアー』で、その弾き語りｖｅｒ.としてリリースしたのが『MAGICAL ACOUSTIC TOUR』。このあたりから「俺が生きていく術は弾き語りしかない。日本一の弾き語りストになる」と決めたのです。

### そうだ、エンタメを取り入れよう！

## 2013 12

7th シングル

# PHASE ONE

※会場限定 CD

### 独立し、ワンオペ歌手になって気づいたこと

20代のころからずっと事務所に所属していたんですけど、ぶっちゃけ音楽のお給料だけでは生活ができなくなっていました。ある日、友人でミュージシャンの大柴広己くんに「大石くんが独立したら、年収が倍になると思うよ」と言われて、半信半疑で辞めてみたんです。そしたら、実際に年収が倍になった。それは事務所が中抜きしていたわけではなくて、それだけ音楽以外の業務を人任せにしていたということで。独立してからライブのブッキングや、年間のスケジュールを立てたり、年間の収支を出したり、物販ブースに立ってCDを手売りしたりとか全部ひとりでやってみて、自分の活動に価値を感じてくれている人たちがこんなにたくさんいるんだと気づけたんです。そうやってシンガーソングライターとして自立しはじめたときに作ったのが『PHASE ONE』。それこそ、このジャケットが「弾き語りラボ」のサムネになっていて、振り返ってみたらここに「弾き語りラボ」の原型がすべてあるんです。

弾き語りストとしての軸はブレない

2018
03

8th シングル

## パラレルワールド

前作から今作に至る5年間で、もっとも大きな変化はオーイシマサヨシとしての仕事が増えたこと。アニメソングの制作に不慣れだったので、時間も心もそっちに負荷がかかってしまって、大石昌良名義の音楽制作がうまく回らない時期だったんです。そんな中、改めて弾き語りでどこまでできるのかをチャレンジしたいと思って作ったのが「パラレルワールド」でした。アーバンな雰囲気もありつつ、ファンクジャズっぽさも取り入れて、今まで誰もやっていなかったような奏法だったりとかやり方で作ってみようと。

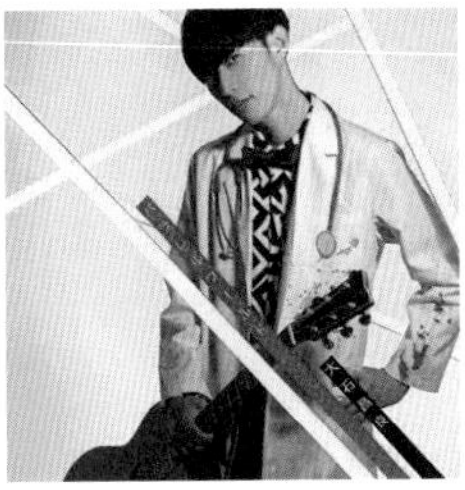

カップリングナンバーに「ようこそジャパリパークへ」とか「奇天烈ポエマー」の弾き語りver.を入れたことで、「結局アニソンに頼るのか」と否定的な声もあったんですけど、一番の目的としては弾き語りストとして大石昌良はちゃんとここにいるぞ、と見せたかった。アニソンファンを弾き語りという自分のフィールドに招き入れられた1枚だと思っています。

超技巧派なアプローチで掴んだ手応え

2018
11

9th シングル

## ボーダーライン

世界的にクラブミュージックが流行っている中、ギターとボーカルエフェクトだけでクラブっぽさを出せへんかなと思って作りました。この曲は結構バンドマン人気が高いんです。しかも、僕のパフォーマンスを見てバンドのボーカルさんがアコースティックギターを買うとか、弾き語りライブをはじめることがあったみたいで、それがめちゃくちゃうれしかったですね。バンドマンの話をしましたけど、ライブで演奏するとお客さんの熱狂もすごいです。技術とセンスが圧倒しているときって、説明が要らなくなるんですよね。もちろん解像度をお客さんに合わせるのは大事ですけど、圧倒的なセンスとスキルってやっぱり人を感動させる。もはや説明のいらない世界。『31マイスクリーム』で目指した超技巧派なアプローチでちゃんと大衆に届ける音楽を、体現できるようになってきたのがこのころでした。あとはスラム奏法が市民権を得ていない時代に、いち早く取り入れたことで、日本での先駆者になれたのもうれしかったです。

# PART3 パートナーズ

## ライブ・YouTube・Twitter

サウスケのインタビューで「何足も草鞋を履いている」と答えた大石。バンド、ユニット、ソロアーティストと、それぞれのチャンネルにおいて自分の表現を確立し、各現場で受けた刺激や体験をインタラクティブにほかのチャンネルに還元している。一方、音楽以外の活動も幅を広げており、『ピザラジ』を中心にその傑出したタレント性を余すことなく発揮する機会も増えている。たくさんの肩書きを器用に使いこなす大石だが、Sound Scheduleのメンバーと、O×TのTom-H@ckは、大石のパートナーとして彼と一緒にどのように音楽を作り上げてきたのか。そして、楽曲提供を受けたアーティストたちは大石の活躍を見ているのだろうか。大石が築いてきた人間関係を広げる形で、彼の音楽性と人間性について多角的に迫った。

# 登場人物 相関図 そうかんず

ここでは、オーイシマサヨシと大石昌良のなかまたちを紹介するよ！

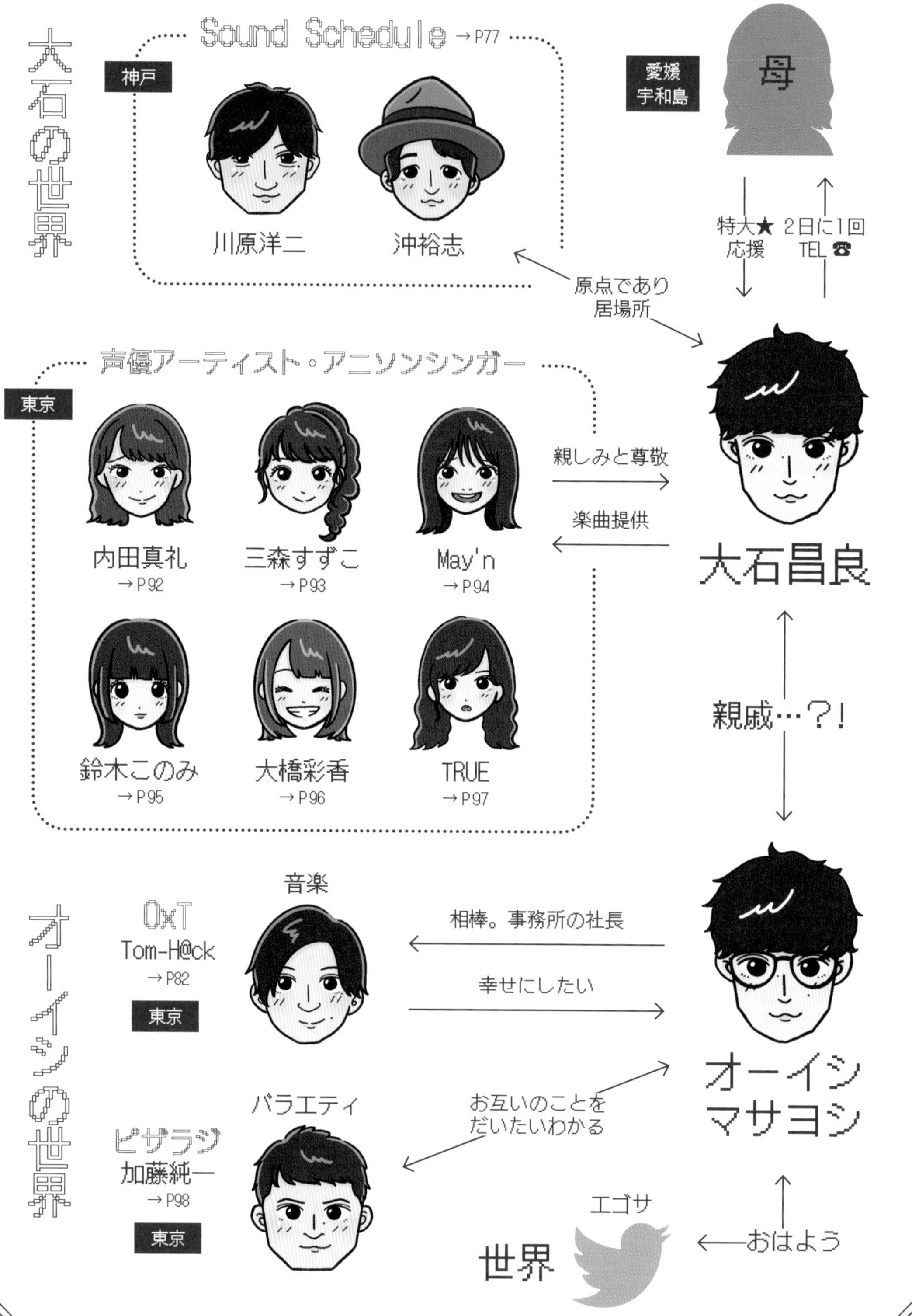

# Sound Schedule

## 揺るぎない居場所
## あるいは固い結びつき

オーイシマサヨシが、大石昌良として音楽シーンに飛び出していく母体となったのが、1999年に大学の軽音楽部内で結成された3ピースロックバンド「Sound Schedule（以下、サウスケ）」である。2001年にメジャーデビューしたものの、06年に解散。11年に再結成してからは一年に一度、「PLACE」というライブツアーを現在まで続けている。大石の音楽への向き合い方を決定付けたバンドの結成と解散、そして現在について、メンバーである川原洋二、沖裕志も交えて話を聞いた。

森 樹＝文

## 結成＝1999
## プロになれるかもという期待

――99年に結成されたサウスケですが、当時はまだ音楽業界も活気があり、ロックバンドも大量にデビューしていた時代でした。みなさんはどれくらいの野心を持ってサウスケをはじめたのでしょうか。

**大石**　確かに大学出身だとくるりさんがデビューしていて、同じ時期だとorange pekoeさんがいるんですけど、大学生でも音楽をやりやすい、「印籠」を持てた時代でしたね。サウスケは最初、一個先輩だった川原くんに僕から声を掛けたんです。「一緒にプロになりませんか」と。

**川原**　大学2年のときに、今アルカラ[註1]をやっている稲村くんたちと組んでいたバンドが解散したんです。そのころ、1年下の後輩に大石と沖が入ってきて、「就活前にもうひと勝負するんやったら、このふたりかな」と。

**沖**　僕はプロになれない確率のほうが高いだろうと冷静に考えていましたけど、歌のうまい大石、ドラムの上手い川原とオリジナルを演奏できる喜びがあって、バンドへのモチベーションは高かったですね。

## デビュー＝2001
## トントン拍子に加速していく

――結成から1年半でメジャーデビューが決まります。想定よりも早いイメージだったのでしょうか。

**大石**　僕視点だとトントン拍子だったなと思います。ライブの動員ではなく、僕らの楽曲をヤマハのディレクターが気に入ってくれたのがきっかけだったので、飛び級した感じではありましたけど。

**沖**　結果的には順調だったと思えますね。大学2年生のときから1年半でデビューが決まったので、就職を考える必要もなくて。

――その間、音楽性がブレることはなかったのでしょうか？

**大石**　川原くんは僕の歌に対して「日本語が良く聞き取れる歌い方をしているのが一番の強みだ」と当時から言ってくれていました。要するに、J-POPとして売れる歌ものを作るというのはブレませんでしたね。あとは、3人で出す音だけで音楽を構成すること。

**沖**　それは初期から言っていたよね。

**川原**　自分たちできる範囲は自分たちでやろうと。

――メジャーでの環境に喜びや戸惑いはありましたか？

**川原**　当時は事務所もレコード会社もヤマハで、レーベル（DANGUY RECORDS）も新しく立ち上がったところだったので、契約の縛りも少なくてアットホームでした。

**大石**　僕はサウスケのあとに事務所を転々とするんですけど、ヤマハが一番アーティストを手厚く保護してくれました。福利厚生面でもそうだし、僕たちが良いと思った音楽を、純度高く作ることを望んでくれていました。だからこそ、甘えすぎたというか、わがままもいっていたなという反省点もあります。

**沖**　レコーディングスタジオも広いところを使わせてもらっていましたし、関わる人数の多さも含めて華やかで、インディーズのころとは明確に違いました。しかも、最終的に僕らを含むチームがなにをしたいかを最大限に尊重してくれたので。

## 解散＝2006
### バンドの限界と次へのステップ

――デビュー後、数多くのメディアにも取り上げられ、人気も上昇していきました。その中で、2006年に解散の決断を下します。

**大石**　解散に関しては僕が口火を切って、「サウスケのボーカルギターとしてやることにちょっと限界を感じているんだ」という話を、ジョナサンでしました。それがきっかけで解散に至るんですけど……チームの母体が大きくなるにつれて、自分がやりたい音楽の器に（バンドが）なりきれていないという思いが出てきて、それが綻びになっていきました。ライブをやっても歌詞を間違えるようになったり、果ては心をコントロールできなくなって。川原くんは最後までソロと並行する形を提案してくれていましたし、一方で沖くんは大学のツレでもあったので、「こりゃもう聞かへんやろ」という感じで。

**沖**　それはありましたね。これ以上は無理だろうというのが。

**大石**　でも川原くんが、「バンドのけじめとして全国ツアーはやろう」と言ってくれて。今になれば、解散ツアーをしたことが現在につながっていますね。あのとき、なにもせず「飛んで」たら、僕は帰ってこられなかった。

**川原**　最後にツアーだけは回らせてくれと強く事務所に伝えました。確かにその当時の大石は、いろいろな面で苦労している部分は感じていて。

――最後のシングル「アンサー」は川原さんの作曲です。

**川原**　「アンサー」を出す前後って、スタッフが僕の曲に期待をしてくれていたんです。じつはあの曲、僕が作曲者になっていますけど、主要なメロディを書いただけで、全体的な部分は（大石が）作ってくれていて。これまでシングルを担当していたソングライターとしても、そこは一番苦しい部分だったのかもしれない。解散前にラストアルバムを出す話もあったし……それはさすがにNGにしたんですけど、大石がそのときに「ほのかてらす」という曲を持ってきたんですね。「ほのかてらす」、解散が決まったあとの夏のワンマンライブで、（大石の）テンションを上げるためにセットリストに入れました。あれは僕の意思です。だけど、解散ライブではやらなかった。次のフェーズに行くための曲にしたほうが良いと思ったから。

**大石**　確かに、僕のソロデビュー曲「ほのかてらす」をサウスケでもやってるんですよ。そうなんだ、それで一回……懐かしい。

**川原**　あと札幌での解散ライブのときに覚えているのは、大石にも沖にもなにも言わず、本編でやった「ピーター・パン・シンドローム［註2］」をアンコールでもう一回やっていて。

**沖**　ありましたね。

**大石**　その日、僕は大風邪をひいていて、めっちゃ高熱を出していたんですよ。そんな状況でワンマン本編をやりきって、すべて絞り出したときにカウントがはじまって、「そっか、やるの

か」と（笑）。

**川原**　（笑）。再結成するとか具体的なことではなく、なにか次につながるんじゃないかなと思って当時は動いていましたね。

## 再結成＝2011 年1で集まれる「場所」に

――解散から5年を経た2011年、それぞれが別々に活動する中で、バンドは再結成を選択しました。

**川原**　大石のソロ活動のサポートになればという気持ちと、周囲から結成10周年でなにかしないの?という話も出ていたので、僕がふたりに話を持っていきました。

**大石**　当時はまだアニメソングをやっていなくて、僕自身もソロ活動のカンフル剤になればという気持ちでした。バンドを離れての5年は、いろいろ社会勉強もしましたし、思い通りにならない時間でもありました。それって、バンド時代のありがたさにも気づく時間でもあったので、今なら新しい気持ちで向き合えそうだなと。

**沖**　川原が僕のライブを観に来てくれて、そこで再結成の話を聞いたのかな。一瞬迷って即答はせず、でもいろいろ話していくうちに、面白そうだからやろうか、くらいの感じではじめました。

**大石**　はじめて練習するってなったときは、うまくなったところをメンバーに見せたいんで、ちょっとしたドヤ感はありましたね（笑）。

**川原**　音楽的なことを言えば、僕らが会っていなかった5年間で、音楽のレコーディングがDTMを含めてガラッと変わった時期でもありました。大石もPro Toolsを使うようになっていたのですが、リズムをグリッドと言い出したときはイラッときましたけどね（笑）。

**大石**　ははは！

**沖**　俺らはデジタルじゃねえんだよって（笑）。

**川原**　そんなんじゃないんだ、俺たちのビートは（笑）。

**沖**　再結成のときに、ライブに先行して音源も作ったことが大きかった気がします。合宿もさせてもらって、そこで昔のバンドの空気感に戻せていった感覚はありましたね。

――当初は期間限定だった再結成でしたが、ずっと続けていくことになります。

**大石**　その言い出しっぺは僕です。再結成ツアーの後半に、MCで「来年もやりまーす!」と勝手に宣言して（笑）。求められる喜びを知っちゃったんですよね。自分の歌が必要とされる場所だし、メンバー同士で、音を重ねる喜びもあったし。

**川原**　あの場で言っちゃったからね。ただ2年目以降、「本気でやれば?」みたいな話を関係者からもされたんです。もちろんライブの一回、一回は本気だけど、継続的にバンドで活動するのは難しいなと思っていました。

**沖**　僕も今のペースが良いんじゃないかと思っていましたね。個々の活動もあるし、「PLACE」を毎年やるというのがすごく良いなと。

1st single「吠える犬と君」

4st single「ピーターパン・シンドローム」

8st single「アンサー」

――その後、大石さんはアニソン界で活躍することになりましたが、川原さん、沖さんのおふたりはどのように見ていますか？

**沖**　「元気にやってるんだ、良かった」と思いますね。本当、そこは親戚みたいな感覚ですよ。年に一回顔を合わせる仲だし。

**川原**　そこはTom-H@ckさんに感謝しかないですよ（笑）。大石は、昔からアニメとかマンガとか大好きだったんで、今、そういう場に携われていくのは良かったと思います。

## これから＝2021〜
## いつまでも続けていく拠点

――サウスケの今後はどのように考えていらっしゃるのでしょうか？

**大石**　3年ぐらい前から音の純度が高くなってきた気がするんです。大学で結成したばかりのころ、音を出すことが楽しくて楽しくて、ストリートライブで100人、200人が集まってすげーってなっているときと同じプリミティブな感動がある。一方で過度にビジネスには乗せたくないし、そのバランスが保たれた状態で死ぬまで活動していくのが今の指針かもしれないです。

**沖**　「PLACE」は、大石の活躍もあり今は大きな規模でできているんです。でも、そうじゃなくなっても、故郷とも言える神戸ART HOUSE［註3］で毎年一回、ライブできればいいよねと。そういうことができるバンドのポジションって、面白いじゃないですか。

**川原**　聴いてくださるコアファンの年齢もライフステージも当然変わっているので、たとえば家族で一緒に聴けるアコースティックライブとか、そういう展開もできたらいいなと思いますね。

**大石**　ひとつ付け加えると、サウスケでの活動はマネージャーを付けていないんですよ。環境に甘えないように、機材の運搬から伝票の処理までひとりでやっていて。そういう場所があることに、今はめちゃくちゃ安心感があります。しかも、バンドではいつまでたっても川原くんが先輩で、沖くんは同級生。ふたりが僕を包み込んでくれる感覚を知っているから、ほかの楽曲提供をしている方々にも、フレンドリーに、包み込むように接することができていると思います。結局、バンド時代の経験が、いまも中心にあるんですよね。

［註1］アルカラ
2002年に結成されたロックバンド。ボーカルの稲村太佑、ベースの下川貴弘と川原は「Jame's Noise」というソフトビジュアル系ロックバンドを組んでいた。彼ら主催の「ネコフェス」にSound Scheduleが出演するなど、現在も交流が深い。

［註2］ピーターパン・シンドローム
2002年発売の4thシングル。この曲で、『ミュージックステーション』への出演を果たし、バンドの代表曲ともなった。

［註3］神戸ART HOUSE
神戸・三宮にあるライブハウス。スタンディングの最大収容人数は220名。神戸芸術本舗というレーベルも運営しており、サウスケの楽曲がレーベルのオムニバスCDに収録され、それがヤマハのディレクターの耳に止まることとなった。大石はこのお店でバイトもしていた。

Sound Schedule
大石昌良（Vo./G.）、川原洋二（Dr.）、沖裕志（Ba.）によるロックバンド。神戸商科大学の軽音楽部で結成され、神戸ART HOUSEやストリートを中心に活動。現在まで9枚のシングルと6枚のオリジナル・アルバムをリリースしている。ちなみに、熱烈な阪神ファンの川原は、大石が始球式の大役を務めたヤクルト×阪神戦を生観戦。大石が投げた球がバッターである阪神・近本選手に危うくぶつかりそうになったことから、「再結成以降、一番の解散危機を迎えた」と川原は述懐している

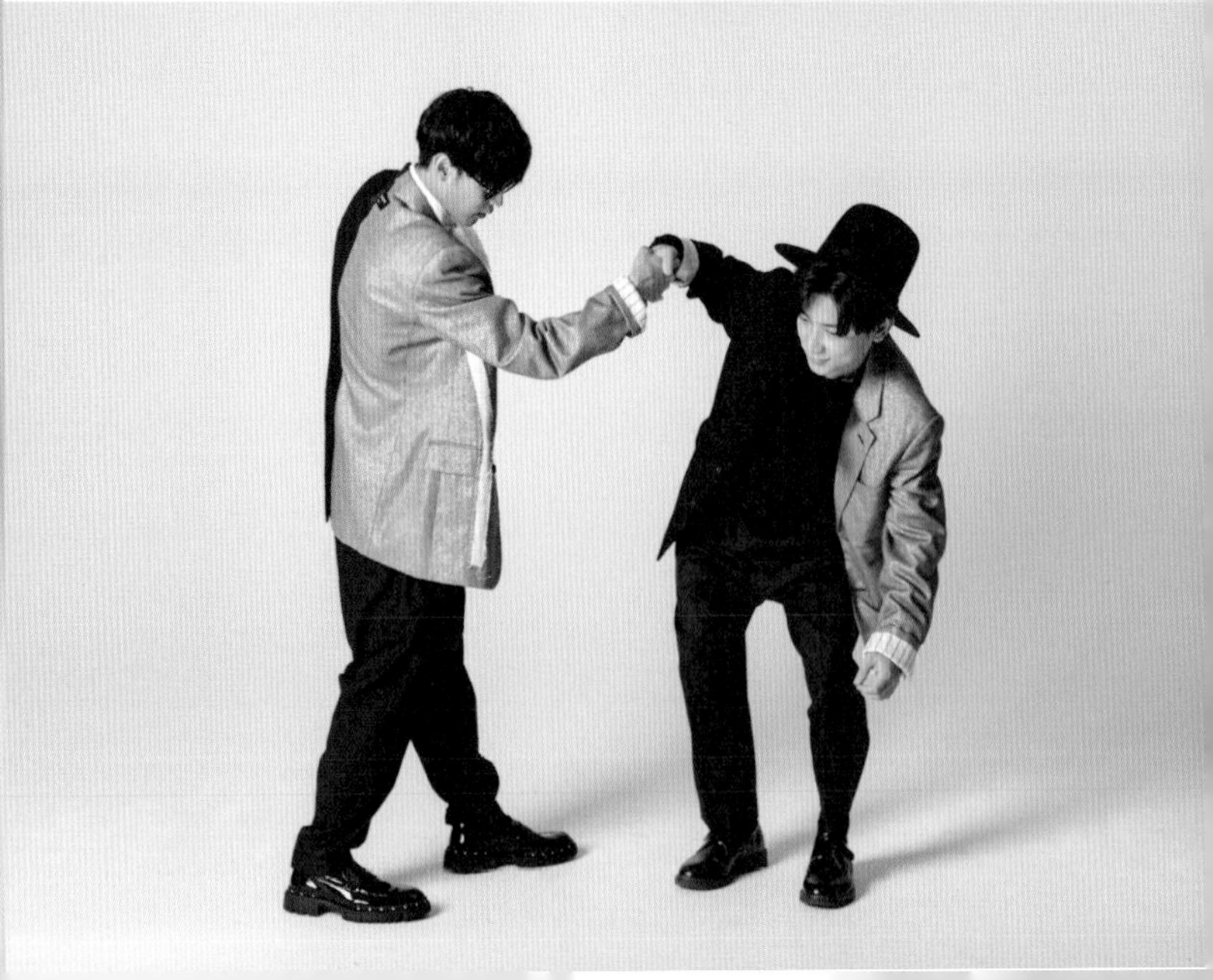

# OxT

## ふたりの戦略と命題

**Sound Scheduleで在学中にデビューし、ソロアーティストとして活動を続けていた大石昌良。2009年にTVアニメ『けいおん!』で作曲家としてのキャリアをスタートさせたTom-H@ck。20代前半にデビューし、若くして成功体験を知ったふたりがアニソンの世界で出会ってまもなく10年となる。OxT（オクト）は、今やアニソン界を代表する男性ボーカルユニットだが、ふたりはどのようにして地位を築いていったのだろうか。OxTがOxTであるための、ビジネス的な戦略とアニソン界に対する使命に迫る。**

――おふたりは2015年にOxTを結成する前から、一緒に音楽活動をしていたんですよね？

**オーイシ**　はい。2013年にTomくんがTVアニメ『ダイヤのA』の主題歌を担当することが決まって、そのボーカリストオーディションに僕が合格したんです。それで〝Tom-H@ck featuring 大石昌良〟として「Go EXCEED!!」をリリースしたのを機に、僕もアニメの世界へ入っていくことになって。

――アニソンを歌うきっかけはTomさんだった。

**オーイシ**　その後もTomくんと1年半ほど活動をご一緒させていただく中、オーイシマサヨシ名義で出した『月刊少女野崎くん』のOP主題歌「君じゃなきゃダメみたい」がアニソン好きの間でバズったんですよね。そのタイミングで「ユニットを組みませんか？　僕らなら、アニメ主題歌のひとつやふたつは取ってこれると思います」と誘ってくれて。

――Tomさんの自信はどこから？

**Tom**　まずアニメーション業界に男性アーティストが少なかったんですよ。しかも声優をやらずに、音楽のみで活動している男性のユニットとなると、かなり限られてくる。

――要するに競合相手が少なかった。

**Tom**　そうですね。その上、オーイシさんは「君じゃなきゃダメみたい」のヒットで知名度もあった。戦略的にも上手くいくと思った



真貝 聡＝文　藤城貴則＝撮影

し、今後もオーイシさんと音楽を作りたかったのでお声がけしたんです。

## "Tomくんやアニソンと出会ってからは誰かのための曲作りをしようと"（オーイシ）

――思惑が当たった最初の出来事はなんですか。

**Tom** 2015年に『オーバーロード』の主題歌「Clattanoia」がヒットしたときですね。アニメーションの主題歌を作るというは、純粋なアーティスト活動とは別に、商業音楽に乗っ取った形でビジネスをやらなくちゃいけない。その点、ふたりとも業界経験が長いですし、培った音楽スキルもあるので、クライアントとか発注者側の意見を取り入れて、自在に楽曲を作ることができる。そんな僕らの長所が、ちゃんと結果につながったと思いました。

**オーイシ** そもそも僕は自分のスキルを上手に活かして、大衆に音楽を届ける術を知らなかった。それを教えてくれたのがTomくんなんです。

――曲作りで大きな影響を受けた。

**オーイシ** そうです。Tomくんって出会ったときから「他人の幸せは自分の幸せ」と言っていたんですよ。最初は「そんなことあるかい！」と疑っていたんですけど、商業音楽ってそれなんですよね。音楽で他人を幸せにすることによって、自分は対価をいただく。それまでは自分のために曲を書いていたんですけど、Tomくんやアニソンと出会ってからは誰かのための曲作りをしようと心がけるようになって、音楽家としての道が開けたんですよね。

――「他人のために音楽を作る」とは、具体的にどういうことなんですか。

**オーイシ** 職業作家としてTomくんは、音楽が人の心にどう響くかを研究している最先端の研究員だと思うんですよ。音楽的なスキルだけじゃなくて、「この曲を聴いて人がどう思うのか」という心理学的な知識もある。しかも、アニメ作品というフィルターを通して、どう伝わっていくかまで緻密に考えて楽曲を作っているので、めちゃくちゃ勉強になるし、僕もそのフォーマットを使わせてもらって、ここまで来れました。

――アーティストとしての見せ方にも戦略があるんですか。

**Tom** OxTってライブのMCは面白おかしくしゃべって、みんなのハートを和ませる感じなんですけど、実はアーティストイメージって鋭角的なんですよ。アー写もそうですし、楽曲やMVでもかっこいいオーイシとTom-H@ckを見せている。ソロのオーイシさんも

もちろんカッコいいんですけど、超スタイリッシュなかっこよさはOxTでしかやってない。これは意識的に取り組んでいる戦略のひとつです。

## "オーイシさんが幸せであれば良いです（笑）"（Tom）

——事務所の代表としては、どのようなマネジメントを意識されてます？

**Tom** 率直に言えば、オーイシさんが幸せであれば良いです（笑）。オーイシさんがたくさんお仕事をされて、お金を稼ぐこともそうだし、有名になるのもそうだし、イチ人間としてプライベートが充実するのも含めて、幸せをマネジメントすることができたらいいなと、会社の代表としては思います。

——100点の答えですね（笑）。

**Tom** ハハハ。やっぱりオーイシさんとの関係を大事にしたいのもあるし、僕に利益があってもオーイシさんに利益がなかったらよろしくないよなって思うんですよね。

**オーイシ** Tomくんは、Win-Winな関係を生み出すのがめちゃくちゃ上手なんですよ。そこには見えないところでの苦悩もあると思うんですけど、ちゃんとお互いに利益のある関係を築き上げてくれているのが素晴らしいし、なにより尊敬しているところです。リーダーシップも責任感もあって、人の上に立つべき人材だと思います。

**Tom** ……あんまりこういう話をしないから、むず痒過ぎていやなんですけど（笑）。

## "今後の目標とかあります？"（Tom）
## "うーん……ないんですよね。"（オーイシ）

——約10年の間柄になると、直接言わないですよね。

**Tom** （しみじみと）改めて聞くと長いっすねえ。出会ってもう10年になるんだ。

**オーイシ** 10年も付き合える人間関係は相当ですよ。

**Tom** しかもふたりとも表に立つようになって、それでも関係が続いているのはすごいですよね。

**オーイシ** あとはふたりとも音楽で食べていけてるのがすごい。OxT結成当初は本当に無茶をやりまくっていたんですよ。スタッフを含めてみんなで愛知まで僕の車で移動して、宿も自分たちで探してね。

**Tom** ライブをしてもお客さんが10人しかいなくて（笑）。

**オーイシ** そうそう！ 愛知まで赴いたのにお客さんが全然いなくて「会場広いな〜！」と言って、僕がステージを降りて客席を走り回ってた。

**Tom** ハハハ、今のオーイシマサヨシからは考えられないですよね。

**オーイシ** 振り返ると、成功体験が半端なくあったよね。たとえば「アニサマ」で初めてさいたまスーパーアリーナに立ったときは、ふたりとも震えてたもんね。OxTを組んでからポンポンと大きなステージに上げていただいたので、そこでの煌めき感は一生忘れないと思うし、その時代を共にしたのはTomくんしかいない。もはや相棒感がとてつもないですね。

**Tom** 本当におっしゃる通りですね。

**オーイシ** 「大きな会場でやりたい」とか「アニソンで一旗あげたい」とか、いろいろと野望を掲げていたもんね。最近はそれすらも解脱した。

**Tom** 確かに、今はなくなりましたね。

**オーイシ** 一時は、お互いに1クールに何本のアニメ主題歌を担当するか競い合ったりしてたね。たくさんお声がけいただくのもうれしいけどさ、今はそこのフェーズじゃないところで戦っている感じがあるかも。

**Tom** それだ！　今回の対談で一番聞きたかったのが「次のフェーズはどこか？」なんですよ。今、オーイシさんはアニメーション界隈で結構な地位まで上り詰めたじゃないですか。CMをやって、TVにも出て、音楽活動もうまく行って。今後の目標とかあります？

**オーイシ** うーん……ないんですよね。

**Tom** 「オーイシの作る曲は素晴らしい」と評価を得ているわけじゃないですか。その先ってなんでしょう？

**オーイシ** あ！　ずっと現役でいたい。ドロップアウトはしたくないですね。まあ……一番難しいですけど。

**Tom** いえいえ、オーイシさんなら大丈夫ですよ。

**オーイシ** Tomくんはヒットメーカーだからわかると思うけど、1曲でもヒットすると頭ひとつ出ちゃって「〇〇節」とレッテルを貼られるじゃん。

**Tom** それって、クリエイターを古くさせるんですよね。

**オーイシ** そうそう！　たとえば『けものフレンズ！』なら2017年のオーイシ節で、『けいおん！』は2009年のTom節なんだよ。

**Tom** イメージがついてしまうと、何年経ってもそればかりが求められる。

**オーイシ** だからこそ、ちゃんとトレンドを掴みながら音楽を作らなきゃいけないんですよね。ずっと現役でいるために。それは僕自身もそうだし、OxTの命題でもありますね。

OxT
オーイシマサヨシと、サウンドクリエイターのTom-H@ckによるユニット。『ダイヤのA』をきっかけに活動を共にするようになり、2015年結成。Tom-H@ckはオーイシが所属するCAT entertainmentの代表取締役も務める

# 内田真礼

## 隠しきれない哀愁に信頼感

**オーイシとは同じレーベルに所属し、これまでに「モラトリアムダンスフロア」「君のヒロインでいるため」の2曲で楽曲提供を受けた内田真礼。そんな彼女の目に映った〈本当のオーイシマサヨシ〉の意外な姿を語ってもらった。**

TVアニメ『ダイヤのA』のOPテーマだった「Go EXCEED!!」を聴いたときのイメージが強烈で、「すごい歌声！　すごい歌い方！」って思ったんですよ。歌声がすごく個性的だったし、「喉が裂けちゃわないのか!?」というくらいにパワフルな、脳にドーン！って響いてくるようなハイトーンで。それがオーイシさんに対する最初の印象だったと思います。

実際にお会いしたのは『アニサマ』のステージ裏だったと思うんですけど、本当はそのころから「オーイシさんって表向きはハッピーを装っているけど、絶対に繊細な人だ」と見抜いていました（笑）。わざとチャラさを装って「今日もかわいいなー！」とか言ってくれるんですけど、発している言葉の意味よりも、コミュニケーションを取ることの大切さとか、その場の空気とか距離感を大切にするタイプだなって。「きっとMCも事前にしっかり考えるタイプなんだろうな」とか考えちゃいましたね。「いやなこと言うな！」って、これを読んだオーイシさんは思うのかな（笑）。つまりものすごくプロフェッショナルな方だってことなんですよ。気配りの方だし、本当に隙がないんです。イベントでもサービス精神の塊みたいなトークの回しをしてくれるから、オーイシさんがいるときの安心感は桁違いですね。

これまで「モラトリアムダンスフロア」と「君のヒロインでいるために」の2曲を提供していただきましたけど、どんな方向性の楽曲でも私らしさを失わず、オーイシさんらしさも失わない。絶妙なラインで曲を書いてくださっています。すごく私のことを研究してくださっていることが伝わるし、私になにを足せばもっと良くなるかとか、そういう緻密な計算をした上で曲が生み出されていることはもう明白で。あと大石さんから届く仮歌が完璧だから「もうこれでいいじゃん！」って毎回思います（笑）。だからレコーディングのときは〈女オーイシ〉のつもりで歌っていますね。でもまだまだ「本当のオーイシさん」には触れられていない気がするんですよ。だってオーイシさんって、自分の周りに壁を作っちゃうタイプだから。ハッピーなオモシロお兄さんを装っていますけど、いろいろなものを乗り越えてきたであろう哀愁がもうバレバレで……なーんて、いろいろ言いましたけど！　いつもオーイシさんのプロフェッショナルな仕事ぶりからいろいろ勉強させてもらっています。これからもそんなオーイシさんと一緒に音楽を作ったり、ステージで一緒に歌えたらなと思っています。私はもっとオーイシさんのことを知りたいと思っているので、まずはこの本を熟読しておきますね！

うちだ・まあや　東京都出身。声優、歌手。近年はドラマや映画に実写で出演することも。OxTやオーイシがOP曲を務めた『SSSS』シリーズでは、どちらも内田がED曲を務めている。10月に3rdアルバムがリリース予定

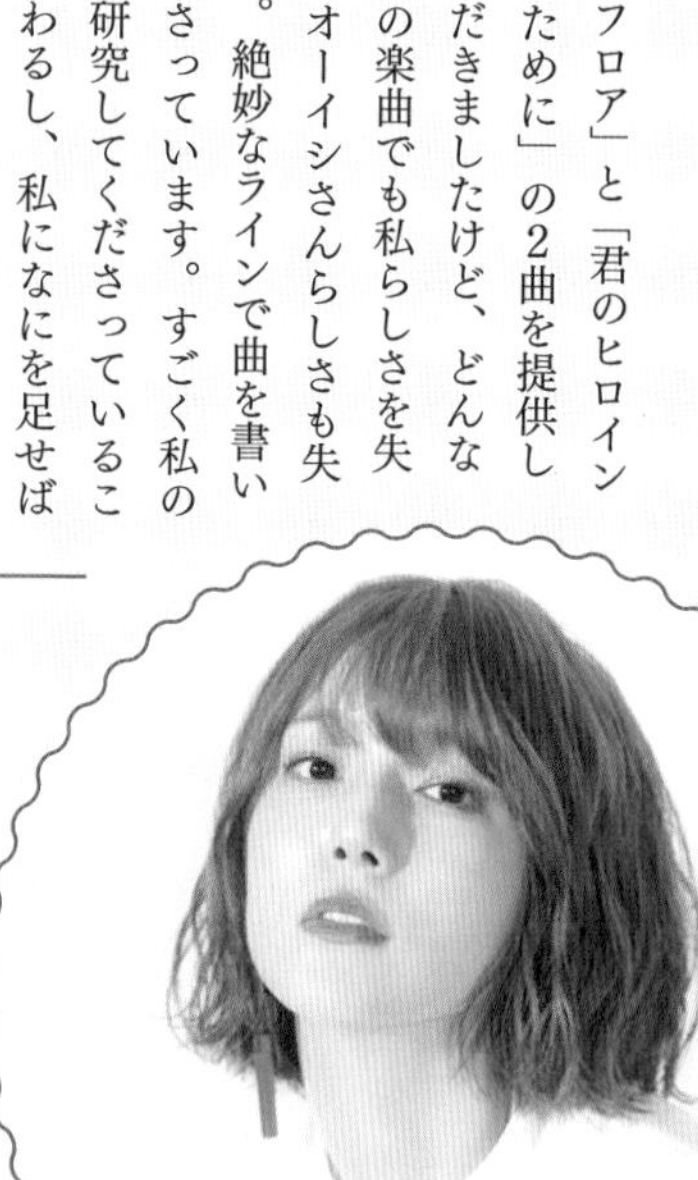

**内田真礼がちょっと悩んで考えた**
**オーイシマサヨシの新しいキャッチフレーズ**

「ドキドキ気にしいお兄さん」

**大石提供楽曲**

**「モラトリアムダンスフロア」**
(作詞・作曲・編曲　大石昌良)
1st ミニアルバム
「Drive-in Theater」収録

**「君のヒロインでいるために」**
(作詞・作曲・編曲　大石昌良)
8thシングル
「youthful beautiful」収録



冨田明宏＝文

# 三森すずこ

## とにかくほめてくれるいい人

**声優、舞台女優、シンガーと、マルチな活躍を見せる〝みもりん〟こと三森すずこも、オーイシの親しみやすさを肌で感じているひとり。大石提供曲「チャンス!」やラジオの収録現場で垣間見たオーイシの魅力について話を聞いた。**

オーイシさんとはじめて会ったのは、『ANIMAX MUSIX 2017 OSAKA』という音楽イベントですね。その1年後の2018年7月に、私がパーソナリティを務めていた「三森すずことアニソンパラダイス」（NHKラジオ）にゲストで来てもらって、そのときに結構お話したんです。会うのが二回目なのに「久しぶり～」みたいな気さくな感じで、マイクがオフのときもずっと話をしてくださって、そこで「エゴサする?」みたいな話をしたのを覚えています（笑）。別のイベントで共演したときも、OxTさんがポニーキャニオンで音源を出していることもあって、「うちの三森が～」と紹介してくださって（笑）。そこからさらに距離が縮まった感覚がありましたね。「ああ、このアニキにはなにを言っても大丈夫だ!」と、親戚や隣の兄ちゃんみたいな信頼が芽生えました。

私は「ようこそジャパリパークへ」を目覚ましにしていたくらい、オーイシさんの楽曲が好きなので、会うたびに「曲を書いてほしいなぁ」、「曲くださいよ!」と言っていたら、周囲のスタッフさんが動いてくださって（笑）、「チャンス!」を提供していただきました。「ようこそジャパリパークへ」もそうですけど、オーイシさんの楽曲って、頭から流れるようなメロディラインでサビまで盛り上がっていくところが良いですよね。「チャンス!」もサビが「ぐわっ!」っと盛り上がる展開で、急に高い音に上がったりするところもあるのに違和感がなくて。たとえるなら、ローラーコースターみたい。心地よいテンポの中で、要所要所に山場があって全然飽きないんですよ。

オーイシさんのボーカルディレクションも、歌い手がどうしたら気持ち良く歌えるかを本当によくわかわっていて。「めっちゃいい!」、「パワフル～!」とか、歌い終わるたびにとにかくほめてくれる（笑）。私もそれで、かなり調子に乗りました（笑）。今度コラボするなら、しっとり目の、ジャジーなテイストの楽曲にもチャレンジしたいですね。あと、オーイシおにいさんと一緒に歌いたいです!

最近はお会いしたら、主に韓国ドラマの話をしています。あとは他愛のない話で20分くらい立ち話をしたり。オーイシさんはいつ会っても同じテンションだから、その姿を見て私も安心するというか。自分が本番前で緊張しているときも、大石さんと話すと緊張がほぐれるんです。逆にオーイシさんも「みもりんに会ったら幸せオーラがもらえる」って言ってくれるので、どうやらWin-Winの関係ですね（笑）!

**三森すずこが即答した オーイシマサヨシの新しいキャッチフレーズ**

**「オーイシさんは、隣の兄《あん》ちゃん」**

みもり・すずこ　1986年生まれ、東京都出身。声優、女優、歌手。響所属。ミルキィホームズ、μ's のメンバーとして知られるほか、2021年に劇場版が公開されたメディアミックス作品『少女☆歌劇 レヴュースタァライト』で声優と舞台、両方に出演している

**大石提供楽曲**

**「チャンス!」**（作曲・編曲　大石昌良）
※編曲はyamazoと共同

9thシングル「チャンス!／ゆうがた」収録
※TVアニメ『ダイヤのA actII』エンディングテーマ

森 樹＝文

# May'n

**アジア圏にもその名を轟かせている歌姫May'nにとって、オーイシとの初タッグとなった「未来ノート」は、これからの活動を見定める大きな指針になったという。そんな彼女がコラボ時に感じた、オーイシの人間的な魅力とは。**

## コラボで未来が明るく見えた

オーイシさんとは、『ANIMAX MUSIX 2015 YOKOHAMA』で、O×Tさんとご一緒したのが最初ですね。「x」のポーズで写真を撮ったのは覚えていますが（笑）、その場ではきちんとお話した記憶はなくて。ただ、当時からいちファンとして、オーイシさんの楽曲のキャッチーさは肌で感じていました。

オーイシさんと交流を深めるきっかけとなるのは、「未来ノート」という、文房具・事務用品メーカーであるナカバヤシさんと私とのコラボ楽曲です。ナカバヤシさんのご担当者の方がオーイシさんのファンらしく、先方からご提案いただきました。「オーイシさんとのコラボなら、これまでのMay'nになかったタイプの楽曲に出会えるかも！」とワクワクしたのを覚えています。

制作を通じて感じたのは、オーイシさんの優しさですね。収録スタジオには、ナカバヤシさんのご担当者の方も含め、数多くのスタッフさんや関係者の方がいらっしゃったのですが、すごく雰囲気良く現場をまとめてくださるんです。オーイシさんのキャリアならアーティスト然として自分の意思だけで進めることも可能じゃないですか。でも、普段は音楽に携わってない方の意見でも「良いですね、やってみましょう！」とポジティブに反応してくれる。オーイシさんの中に正解があっても幅広く耳を傾けてくれるから、みんなアイデアが出しやすい。私は個人的に、音楽には人間性がそのまま表われると信じているので、オーイシさんの楽曲があんなに胸にすっと入ってくるのは、こういう優しくあたたかい人柄があるからなのか、と納得しました。

ちなみに「未来ノート」のサウンドって、私の中にはなかったリズム感なんです。私は裏（拍）でビートを取ったりしやくったりして、インテンポ（※正確なテンポ）より少し前や後ろを掴むことでグルーヴ感を出してきました。でもそれを「未来ノート」でやってしまうと楽曲に合わないので、オーイシさんの歌い回しを研究して収録に臨んだんです。現場でもご本人から的確なアドバイスをいただき、インテンポの気持ちよさが出た素直なテイクになりました。「未来ノート」は、私へのエールにもなっているし、これまでの15年を振り返る楽曲にもなっています。性格上、あのときああしておけば……というプチ後悔をたくさん抱えている人間なのですが（笑）、「未来ノート」を聴けば未来が明るく見えるし、大丈夫だと思える。今でもつらいときや悩んだときは、「未来ノート」と共に心の中に住ませている〝リトルオーイシ〟に相談しています（笑）。

May'n　愛知県出身。アーティスト。2005年、15歳にしてメジャーデビュー。これまでアニメ、ドラマ、映画、ゲームの主題歌を担当し、数多くの作品がトップチャート入りを果たす。また、海外でも精力的に活動しており、特にアジア圏では非常に高い人気を獲得している。圧倒的な歌唱力と伸びのあるハイトーンボイスで国内外を問わず人々を魅了し続けているアーティストである

大石提供楽曲

**「未来ノート」**
（作詞・作曲・編曲　大石昌良）
フルアルバム
『momentbook』に収録

May'nが尊敬を込めて考えた
オーイシマサヨシの新しいキャッチフレーズ

「あなたの心にオーイシを」



森樹＝文

# 鈴木このみ

## オーイシさんから感じた"プロ"と"人間味"

**楽曲提供に加え、ライブイベントにともに出演することも多い鈴木は、ステージ裏・ステージ上双方のオーイシの姿から"プロ"を感じるという。そのゆえんに加え、鈴木が感じるオーイシ曲の魅力についても語ってもらった。**

オーイシさんって、本当に"プロ"ですよね。"1000円ライブ"みたいなことも常にアイデアを考え続けているからこそ生まれたんでしょうし、ステージ上でもプロ中のプロ。ライブ前にもずーっと壁に向かってMCや歌、ギターの練習をしているくらい妥協をまったく許さないのに、ステージ上ではあくまで楽しく振る舞うところにすごくプロを感じます。だからオーイシさんのステージってすごく楽しいんですけど、アーティストとしては「自分もこういうふうにあらねばならないな」と、毎回すごく背筋が伸びるんですよ。しかもオーイシさんのライブって、「今日はテンションがいつもよりアップめなのかな?」みたいなうれしいほうの波はあっても、調子の悪い波を感じることが1回もなくて。それはきっと、日々の訓練の賜物なんだと思うんですよね。それに、いつお会いしても丁寧な方ですし……あ、でもそろそろ会うたびに「先輩!」って90度お辞儀してくるのはやめてほしいです(笑)。たしかにアニソンシンガーとしては私のほうが少し先輩かもしれないですけど、アーティストとしては圧倒的にオーイシさんのほうが先輩ですから!

「Nice to Me CHU!!!」は、1stツアーに向けて制作したミニアルバムの曲でした。お客さんと一緒に声を出して熱く盛り上がるような曲の多い自分が、みんなとコミュニケーションを取りたくて「"進化版コール&レスポンス曲"をお願いします」とお願いした曲なんです。そうしたらオーイシさんらしいハッピーなキャッチーさはそのままに、鈴木このみのイメージも落とし込んでくださって、しかも2番のAメロにはお客さんと掛け合える部分もあって。自分の中にはお客さんひとりを当てるという発想がなかったので「天才だなぁ!」と思いました。今でも初めて行く場所では結構な確率で歌いますし、どこの場所でもお客さんがすごく喜んでくださるので、すっかりライブの定番曲になっています。だから、もし久々に楽曲提供していただけるならさらに進化したコーレス曲もいいなぁと思うんですけど……ただ私、オーイシさんの曲も大石さんの曲も人情味があるところが好きで。いつも曲を聴くと温かい気持ちになるし、ライブを観ると泣いちゃうんですよね。だから今度は、私の上京物語を曲にしてほしくて。大石さんのワンマンライブで「東京ループ」という曲を聴いたときに、自分に重ね合わせて上京したときのことを思い出してわーっと泣けてしまったので、その自分バージョンをぜひ作ってもらいたいです!

大石提供楽曲
「Nice to Me CHU!!!」
(作詞・作曲 大石昌良)
1stミニアルバム『18-MORE-』に収録

鈴木このみが真面目に考えた
オーイシマサヨシの新しいキャッチフレーズ
「本番前クソ真面目」

すずき・このみ 1996年生まれ、大阪府出身。アニソンシンガー。第5回全日本アニソングランプリでグランプリを獲得し、2012年に弱冠15歳ながらも「CHOIR JAIL」でデビュー。その後も持ち前のパワフルな歌声を武器に、「This game」や「Redo」などの人気曲を次々発表し続けている。8月25日には新曲「Missing Promise」が発売される

須永兼次=文

# 大橋彩香

## 〝進化〟をポジティブに感じさせてくれた

**「君じゃなきゃダメみたい」をきっかけにオーイシの楽曲に触れたという大橋は、「シンガロン進化論」を通して自身の活動全般に関わる価値観の変化がもたらされたと証言。その変化と、タッグを組んで感じた自身との意外な共通点とは。**

オーイシさんの曲は歌っていて楽しい曲が多いので、カラオケでもよく歌います。かっこいい曲ではもちろん、明るい曲でも歌い上げるような曲が多くて、歌ったあとに達成感がある曲が多いように思うんです。しかもメロディもすごい印象に残りますし、難しく聴こえるけど歌ってみると実は複雑ではなくて、みんなで楽しく歌えるのもすごいですよね。そこがオーイシさんの楽曲で大好きな部分ですし、オーイシさんにしか出せない味だなと感じています。

「シンガロン進化論」はファンの方にも人気が高い曲で、私の「進化」というものへの見方を変えてくれた曲でもあるんです。私、もともとあまり「進化」というものに対しては、「常に成長し続けて、いい姿を〝見せていかなきゃいけない〟」みたいにネガティブな感情を持っていたんですよ。でもこの曲は「ファンの皆さんと一緒に進化して、いろんな景色を見ていくことって素晴らしい！」という、すごくポジティブな曲じゃないですか？　だから新しい考え方をいただけて、「進化しなきゃ」を「進化したい！」にしてくれた楽曲なんですよね。この曲をいただいてから『PROGRESS』というアルバムを制作するにあたってもポジティブに取り組むことができたので、本当に自分にとって大きな楽曲になったように思っています。

ただ、実際にご一緒するまでは「天才肌で明るく陽気に、物事を感覚でやり遂げる方なのかな？」と思っていたんですけど、直接お話しすると全然違くて。結構自分と似ているところがたくさんあって、何事もしっかり準備をして「よし！　完璧！」と思ってから現場に行く……という用心深さみたいなところがあるのにはびっくりしました。ライブのMCもしっかり考えてから話しているという話を聞いて、すごく人間味を感じましたし……そういうところもオーイシさんの魅力であって、みんなが好きになる要因でもあるんでしょうね。そのライブのMCとかTwitterもめちゃくちゃ面白くて、すごく親しみやすさもあるアーティストでありながら、ギターを弾いたり歌われるとめちゃくちゃかっこいいじゃないですか!?　歌もとても上手なうえに心に訴えかけるような歌い方をされるし、多彩な楽曲に合った歌声や表情で歌われていて表現の幅も広いので、すごいなって思います。

ただ、前に対談させていただいたときに、私と似た悪夢をよく見るというお話を聞いたことがあるんですよ（笑）。なのでご結婚もされましたし、メンタルをさらに充実させて、幸せな日々を送ってほしいです！

おおはし・あやか　1994年生まれ、東京都出身。声優アーティスト。主な出演作に『ウマ娘 プリティーダービー』（ウオッカ役）、『アイドルマスター シンデレラガールズ』（島村卯月役）など。声優アーティストとしては2014年から活動を開始し、8月4日には「大橋彩香 a.k.a HASSY」として初のラップ曲「#HASHTAG ME」を配信リリース

**大橋彩香が5秒で考えた オーイシマサヨシの新しいキャッチフレーズ**

**「石橋叩いて○○年。今日も勉強、努力、用心深くがんばります！　オーイシマサヨシです」**

**大石提供楽曲**

**「シンガロン進化論」**
（作詞・作曲　大石昌良）
2ndアルバム『PROGRESS』のリード曲として収録

須永兼次＝文

# TRUE

## オーイシさんはアニソン界に欠かせない存在

**ポップフィールドからアニソン界に合流したという点において、オーイシにシンパシーを感じると語るTRUE。彼から楽曲提供を受けた「酸素」は、「一生大切にしていく楽曲になった」と語る彼女はオーイシをどのように見てるのだろうか。**

オーイシさんと私は、いろいろ共通点があるんです。世代も近いですし、もともとポップス畑にいて、そこからアニソン業界に足を踏み入れた経歴も同じ。意外とそういう人って周りにいないんですよ。ほかにはMay'nさんぐらいかな。

はじめてオーイシさんに会ったのは、『アニサマ』に出演した2016年。私の出番のあとに、オーイシさんのユニットであるOxTさんが出演することになっていて、そのときにご挨拶させてもらいました。写真を一緒に撮ったのも覚えていて……初対面でも本当に気さくな、話しやすい印象でしたね。それからもイベントなどで会うたびに思うのは、いつも礼儀正しい方だということ。ご一緒する前日には必ず「明日はよろしくお願いします」とLINEをくださいますし、私が主題歌を歌っている『劇場版 ヴァイオレット・エヴァーガーデン』も観に行かれたらしく、律儀にその感想を送ってくださったり。

アニソン界に男性アーティストが少ないのもあって、そうやって仕事のことを気軽にやり取りできる貴重な存在だと思います。

楽曲を依頼したいと思う大きなきっかけになったのは、大石昌良名義の「耳の聞こえなくなった恋人とそのうたうたい」を聴いたことです。「様々なアーティストに出会って自分を解放する」というコンセプトで制作を進めていたアルバム『Lonely Queen's Liberation Party』のとき、あれほど素敵な曲を書ける大石さんにお願いできたら得るものが大きいだろうなと。発注としてはシンプルなバラードで、参考の楽曲など合わせてお伝えしたところ、「酸素」が生まれました。ファンからの人気も高いですし、私個人としても祖母との関係を歌った、一生大切にしていく曲になりました。もしもう一度楽曲をお願いするのであれば、今度はポップで明るい曲を書いてもらいたいです。私、オーイシさんは人を幸せにする男だと睨んでいて（笑）。オーイシさんの楽曲を通して、その幸せが私にも、そしてみなさんにも伝わるようなものになるんじゃないかなと思っています。

オーイシさんは今や、アニソン界に欠かせない存在になりましたよね。あれだけ人気者なのに、等身大で、人格者。しかも、芸人顔負けの話術の持ち主じゃないですか。これまで苦労してきたことも影響しているでしょうけど、どこからあのバイタリティと創作意欲、そしてアーティストとしてのひらめきが出てくるんだろうといつも不思議に思っています。ちゃんと寝ているのか、心配です（笑）。

TRUE シンガー、作詞家。2000年に唐沢美帆名義で歌手デビュー。2011年には作詞家に転身後、2014年からはTRUE名義でアニソン歌手として活動を再開。以降は作詞家としての活動と並行しながらシンガーとして活躍中。TRUE名義としては4枚目となるフルアルバム「コトバアソビ」が8月25日にリリースされる

大石提供楽曲

**「酸素」**（作曲・編曲 大石昌良）
3rdアルバム『Lonely Queen's Liberation Party』に収録

**TRUEが楽しそうに考えた オーイシマサヨシの新しいキャッチフレーズ**

「オーイシさんは、アニソン界の幸せ製造機」

森 樹＝文

『オーイシ×加藤のピザラジオ』
生放送　隔週水曜 22:00 ～ 23:00
動画　不定期公開
どちらも YouTube にて配信

# ゆるくて楽しい番組の裏側
# オーイシ×加藤の
# ピザラジオ

**投稿動画数286本、チャンネル登録者数24.9万人（2021年7月29日時点）。オーイシマサヨシと加藤純一が送るバラエティ番組『オーイシ×加藤のピザラジオ』、通称『ピザラジ』。2017年から1年間、ニコニコ生放送で配信されていた『オーイシ×加藤のニコ生☆音楽王』が YouTube に拠点を移し、『ピザラジ』として再スタート。隔週水曜の定期生配信される本編と、ロケや企画に挑戦する不定期の動画配信を軸に活動しているチャンネルで、ふたりのキレのあるトークやロケでのリアクションに定評があり、多くの視聴者から人気を得ている。**

**事前に石井マネージャーから「『ピザラジ』の現場はとてもアットホームで楽しいですよ」と伺いワクワクしてスケジュール表を確認したら、朝10時に千葉の市原でゴルフロケ、その後、都内に戻って整体と時計の購入の3本撮り。最後に22時からポニーキャニオンで生配信、とある。過酷なタイムスケジュールに微塵も疲れを感じさせない、パワフルな中年ふたりのハードな一日を追いかけた。**

渡部 遊=文　向後真孝=撮影

# AM10:00

ベルセルバカントリークラブ
市原コース

## 定番のスポーツロケ
## 初めてのゴルフに挑戦

この日最初のロケは千葉の市原にあるゴルフ場からスタート。今日のためにオーイシは上から下まで新品のゴルフウェアを購入し気合い十分の様子だ。しかし、オーイシはゴルフ経験ゼロ、加藤も数回経験した程度の初心者。そこで、番組側がゴルフ経験者のゲストを用意してきた……「心配ないさー!」と、登場してきたのは芸人の大西ライオン。ゴルフのレッスンやギア説明に特化したYouTubeチャンネルを持っており、この日のゴルフロケの進行役を務めてくれた。

オープニングが撮れたところで早速次のシーンへ。長谷川Pが「じゃあそのままの流れで」とカンペや台本もなしに進んでいく番組のスタイルに、大西ライオンはちょっと心配そう。

まずは、ゴルフクラブの握り方の説明を大西がレクチャーする。経験はないものの知識は持ち合わせており、大西の説明をすんなりと受け入れている様子。ひと通りの説明を受け、いざ実践へ。最初のホールはパー5のロングホール。加藤のブレの少ない力強いショットに比べ、オーイシは力が弱くやや出遅れる。予想もしない方角へ繰り出すショットに「ファー!」と叫びながら飛んでいったボールを必死に追いかけていきヘロヘロに。散り散りになったオーイシと加藤を、『ピザラジ』スタッフは連携を取りながら3台のカメラを器用に回していく。朝は曇天だった空も気づけば太陽が出てきて、気温も30度超えの陽気。汗だくになりながらも「わかってきたかも」と、徐々に上がっていく精度に手応えを感じるオーイシだった。

続く第6ホールと第8ホールはどちらもパー3のショートホール。距離は短いが池やバンカーがあり、精度が求められるホールとなっている。大西からの提案でオーイシと加藤がスコアを競う展開になったが、勝負なのに誰もスコアブックを付けておらず、「結局どっちが勝ったんだっけ?」と、スタッフ含め全員が一瞬無言に。ピザラジらしいゆるいエンディングとなった。

ああああ
あああ

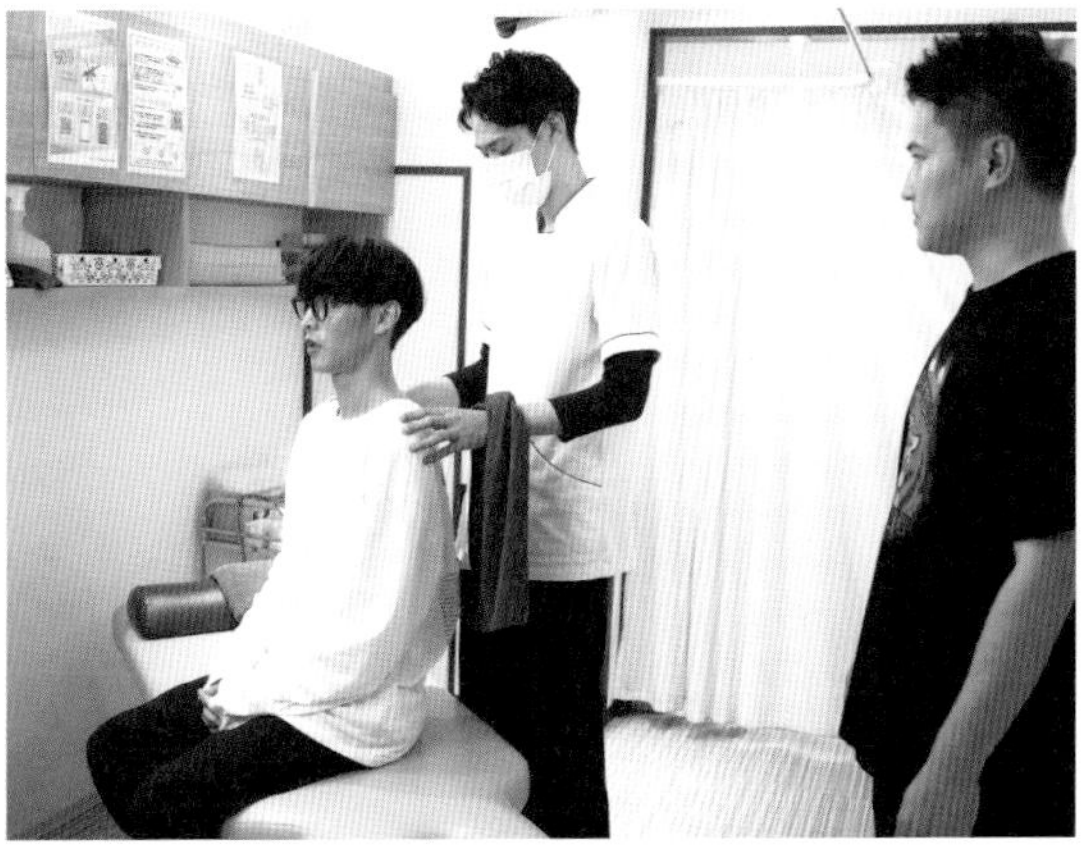

## （移動中）

PM1:30　ポルシェの車中にて

ゴルフロケ収録後、都内への移動手段に困っていた本書取材陣に、「乗っていきますか?」とオーイシ。お言葉に甘えてオーイシが運転するポルシェに乗らせていただく。『ピザラジ』でもたびたびドライブトークで登場するあのポルシェだ……。「普段どんな音楽聴くんですか?」「僕も山登ってみたいんですよね～」と、止まることなく会話が続く。15時までに銀行で時計のための大金を下ろさないといけないということで、話題も自然に時計の話へ。「こういう企画、成金YouTuberみたいで嫌」って周りには言われて……と愚痴をこぼしながらも「エクスプローラっていうのは～（照）」と買う予定の時計について、すでに買った気のテンションでニコニコ顔で話していた。窓口が閉まる10分前に無事銀行に到着。「ちょっと待っててくださいね～」と、スタッフを車に残し軽い足取りで銀行へと消えていった。

## PM 5:00

ぷらす鍼灸整骨院

### 高円寺の片隅で
### 男ふたり、叫び続ける

以前の放送（2021年6月9日放送）で体の硬さを世に示してしまったふたりに、私たちに任せてくださいと諸手を挙げてオファーしてくれたのが、高円寺にあるぷらす鍼灸整骨院。奥行きのある店内の、一番奥の部屋を間仕切って施術が行われた。ゴルフ場の広々とした空間から一転。六畳ほどの施術スペースを、それぞれが邪魔にならないよう『ピザラジ』スタッフがキビキビと動く。まずは、例によってカンペも台本もないオープニングから。本番直前に「ぷらす鍼灸整骨院……」と、お店の名前をぶつぶつと反復している姿からは、オーイシの場を回す力だけではなく、こうした真面目な一面をスタッフが知っているからこそカンペがないんだなと妙に納得してしまった。

施術スタッフから硬さチェックと体の悩みについてヒアリングを受けたのち、オーイシ、加藤の順で各30分の施術がスタート。先ほどの大西ライオンと違い相手は一般人なので、施術されながらもスタッフに積極的に話しかけている。施術台に突っ伏して、収録を忘れてオフになりそうな体勢でも「今、純ちゃんどんな気持ち?」と、どんな状態でもしゃべるのを忘れなかった。

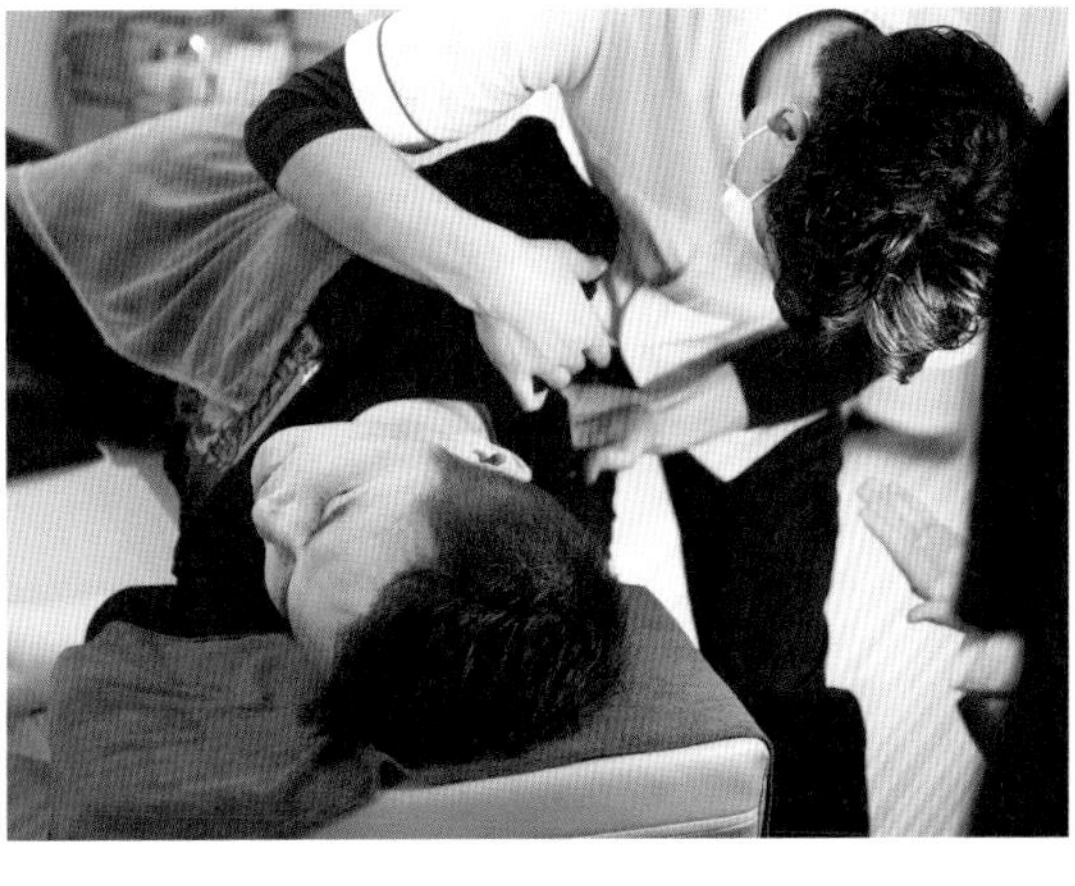

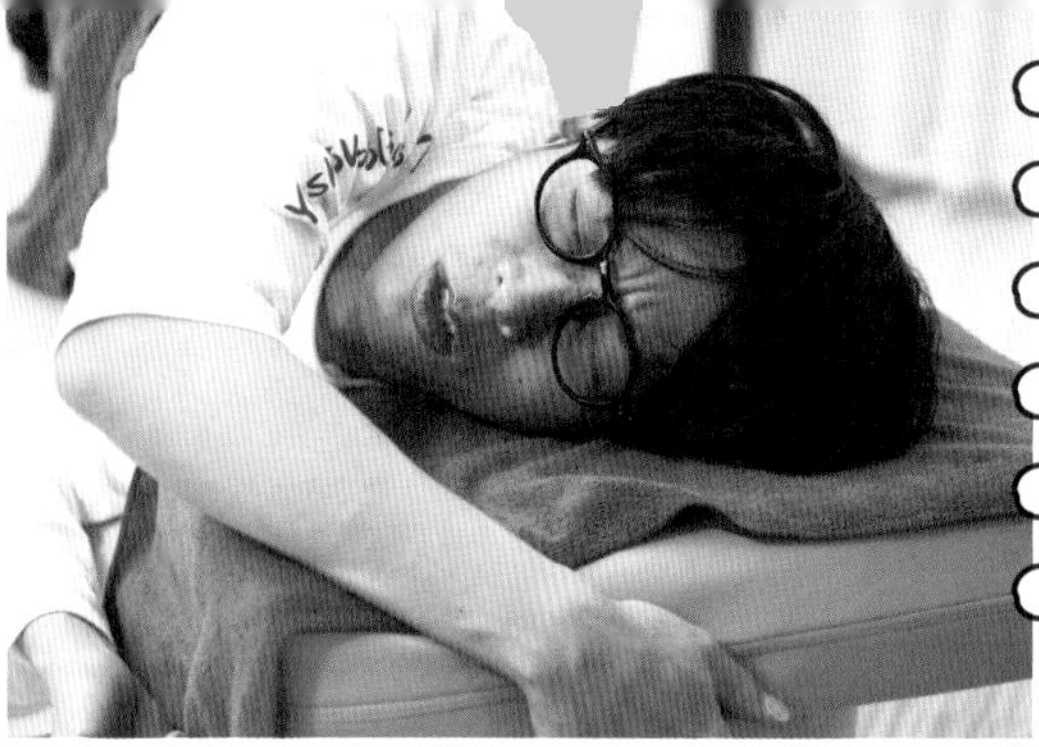

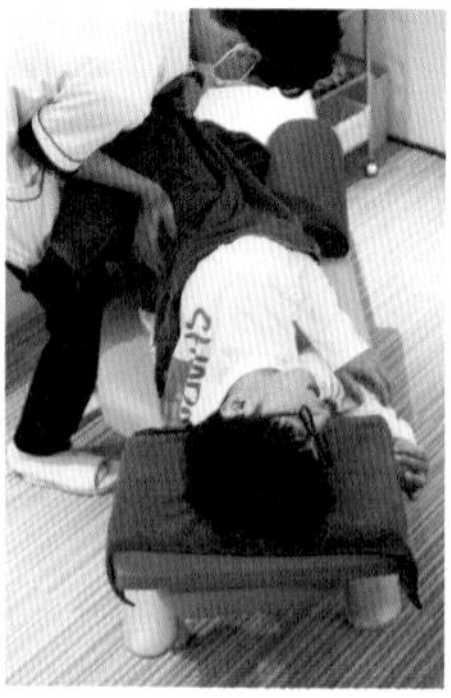

?!

無理

かも

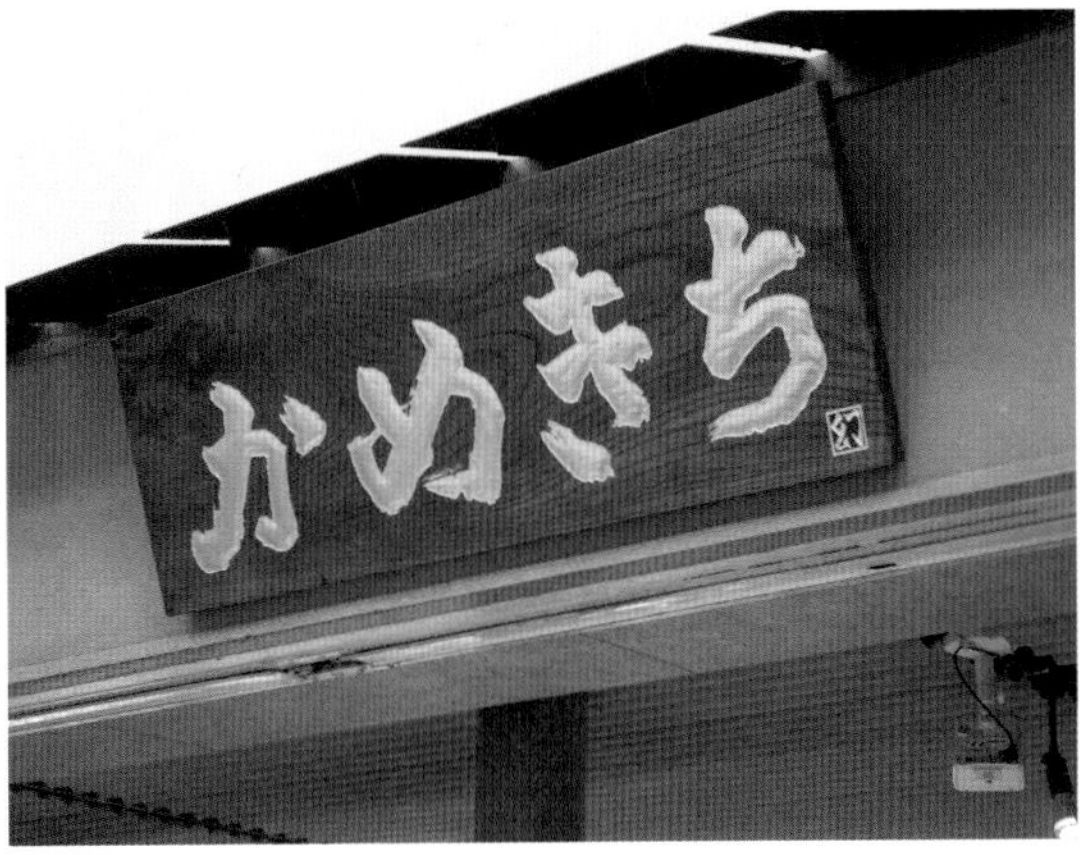


# PM 7:00

まじめなとけいや　かめきち

## オーイシ高級時計を買う 加藤もまさかの即買い

この日最後のロケは、番組で何度もお世話になっている中野ブロードウェイでの買い物ロケ。だが、これまでのホビー系の買い物とは異なり今回の目的は、オーイシが自腹で高級時計を買うこと。もともと、オーイシが「一生もんの時計を買いたい」と言っていたのを長谷川Pが「それ、企画にしましょう」と提案し、今回の企画が生まれた。こうした雑談から企画が生まれたりもあるようだ。

新品中古問わずブランド時計が多く並んでいるディスプレイに目を奪われながら店内を練り歩くふたり。収録前にオーイシはすでにコレと目星をつけていた時計を横目に、キラキラと輝くたくさんのブランド時計に目移りしながらも目的の時計を試着する。オーイシが選んだのは、ロレックスの中でも人気のあるエクスプローラーの最新モデルだ。文字盤は36㎜で少し小ぶり、そして値段は税込で139万4980円。思わず「軽（自動車）が買える……」とオーイシ。

別室に案内されてお会計へ。「100万じゃ足りないと思って、もう100万持ってきました」とポケットから100万円の封筒をふたつ取り出し場を沸かせた。

そこまでは今日のオーイシの中でのシナリオだったと思うが、その買い物を隣で見ていた加藤が「俺も買おっかな……今日50万くらいあるよ」。マネージャーに預けていた財布から札束をゴソッと抜き取り、オメガのシーマスター（税込55万1980円）を即決。事前にちゃんと調べて購入したオーイシと、「買ったことある人の早さ」レベルのスピードが対照的に映った。

ベルトのサイズ調整を何度も行い、具合を確かめながら愛らしく見つめてはため息。化粧箱をそのまま「宝石箱じゃん！」とたとえたり、腕に巻いて「すごくうれしい」とコメントしたり、いつになく歯切れの悪い感想なのは、先ほどの整体で語彙力を使い果たしてしまったからなのか、大金を使ったことに興奮しているからなのか……。

# PM10:00

都内某所

## 配信トラブルと長すぎたチューニング

最後は、生配信のため都内某所のスタジオへ。放送2分前「間に合う？押しそう？」「じゃあオンタイムで」とスタッフ同士の確認が飛び交う。ロケ収録では、穏やかだった長谷川Pも忙しく指示を送っている。

予定どおり22時ちょうどに放送が開始された。放送前からすでに多くの視聴者が放送を待っており、開始とともに視聴者数は1.5万人を超えた。スタジオにはふたりのほか、構成作家のとくもがフレームアウトギリギリのカメラ脇で構え、3台の固定カメラを長谷川Pがひとりで操作する。画面に映るふたりの腕にはキラキラ光る、買ったばかりの高級時計が。まずは時計の話題から今日の収録の話を切り出し、この2週間の配信を振り返るいつものコーナーがつつがなく進行していく……と、ここで配信トラブルで映像が止まり、一旦放送が中止に。前にも同様のエラーがあり、不測の事態に焦ることなく、淡々と復旧作業が行われる。結局約20分後に放送は再開。「リメンバー音楽王」のコーナーではゆずの「夏色」をふたりでギター演奏することに。「ギター2年ぶりっす」と言う加藤にオーイシが丁寧にチューニングを指導する。が、結局加藤のギターはチューニングで終わり、オーイシのギターで「夏色」が披露された。

「来てすぐ言うのもアレなんですけど、チューニング長い！」「配信トラブルのときにやっておいてよ」と言ったのはゲストで登場した芸人のガーリィレコードのふたり。声優を務めたTVアニメ『ODDTAXI』のプロモーションにやってきたふたりだが、配信トラブルで待たされチューニングでさらに待ち、登場したとき時刻はすでに23時を回り、放送は23時半ごろまで続いた……。

事前に聞いていた「アットホームで楽しい」という言葉は、一日中の長丁場を支える『ピザラジ』スタッフの滞りない進行と、オーイシと加藤が2週間に一回会えるこの現場をとても楽しみにしているということを反映しているのかもしれない。

# スタッフが選んだ マイベスト動画

**放送開始から約2年半が経ち、生放送と配信合わせて約280本に及ぶ動画がYouTubeにアップされている。そんなこれまでの膨大な記録の中からスタッフたちにマイベスト動画を選んでもらった。**

## 加藤純一

- **「オーイシ×加藤のボドゲ王 ピザラジ SP」**
  **(2021.03.17生配信)**

ボードゲーム企画は『ピザラジ』で何度もやらせてもらってるんですけど、たくさんゲスト呼んでワイワイ盛り上がるのって楽しいですよね。僕はオンラインゲームもやるんですけど、実際にリアルに対面しながらやるゲームのってオンラインじゃ味わえないじゃないですか。要はコミュニケーションなんですよ。人集めたり場所用意したり手間もかかる。だって家からわざわざボードゲームするために集まってくるんですよ? そこまでしてやるからこそボードゲームは面白いですし、『ピザラジ』の中でも人気企画なんだと思います。

## じゃる

（加藤のマネージャー）

- **「勝ったら100万! ガチ PK 対決!**
  **【PK チャンピオンシップ】」**
  **(2019.08.09配信) など**

ふたりとも根本が少年なんですよね。初めての体験とか対決ものになるとはしゃぐんですよ。ふたりのテンションに引っ張られて、映像も楽しいように仕上がるんですよね。大人であることを意識せずに素で遊べる、子どもに戻れるような企画は現場で見ていてとても楽しいです。『ピザラジ』が参加したPKチャンピオンシップでは、加藤チームが勝てば、オーイシチームも躍起になって勝とうとするし、負けたら「俺らが仇をとるぞ」みたいなムードになっていて、ただの勝ち負けじゃない、ふたりの友情も見える対決でした。

## 長谷川P

- **「心霊バスツアー**
  **オーイシ×加藤のピザラジオ 第38回 SP」**
  **(2020.09.02生配信) など**

年いちでやってる心霊系ですね。『ピザラジ』ってほとんど演出してないんですけど、これもシンプルになんの演出もしてなくて、ただ場所だけ用意してるだけで(笑)。なにが起こるかわからないから予定どおりにいかないし、その後の心霊写真の鑑定もなんの演出もしていないのでそれ込みで面白いです。風が揺れたりとかちょっとしたアクシデントとか、なんでも霊のせいにできるので、ネタに困らないです。あと、ふたりともリアクションがいいので、心霊企画を生放送でやると妙に一体感が生まれるのもポイント高いですね。オーイシさんは嫌がりますけど、続けていきたい企画です。

## とくも（構成作家）

- **「オーイシの本性がわかる!**
  **質問にガチ回答【オーイシ理解度テスト】」**
  **(2021.02.15)**

別室でお互いの回答を当て合う理解度テストはふたりの良さがよく出ていました。笑いもあるし、感動もするし。なにより「当たったらうれしいんだ」というのは発見でしたね。おじさん同士が「無人島になに持ってくか」とか「一番好きなギャグ」を当てたからって、どうでもいいっちゃどうでもいいじゃないですか。でもふたりにとってはそれがうれしい。2年以上この番組を続けてきたからこそできた企画なんだと思います。

## 石井由紀子（オーイシのマネージャー）

- **「ボートレース初挑戦でまさかの大当たり!?【ボートレース #1】」(2020.02.20配信)**

オーイシにとっての『ピザラジ』って、お仕事だけど憩いの場であり癒しの場のような存在で。ふたりとも仲がいいですし、好きなことを楽しむような企画が多いので、自然とそういう場所になっているんですが……その中でもふたりともギャンブル企画は好きみたいで、平和島でのボートレースの回は目がギラギラしてましたね(笑)。オーイシはボートレースはこの日が初めてだったんですけど、じゃるさんがボートレースをよくやられていたり、私は年に一度くらいですがオートレースをエンタメとして経験しているので、気づいたらこの日はみんなでレースに夢中になっていました。

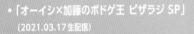

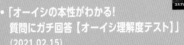

総評

# オーイシがアニソン界のヒーローになれたのは

冨田明宏（アニソン評論家）

危機に瀕していたアニソン業界に、突然現れた華奢なメガネの男。「君を〝退屈〟から救いに来たんだ！」と叫んだ彼は、いつも聴く人を退屈とは無縁のエンターテインメントへと導いてくれる。アニソン新時代を象徴するエンターテイナーであり、業界を革新させたポップスター、オーイシマサヨシ。本書のメインライターのひとりでアニソン評論家の冨田明宏が、オーイシとの取材を終え、改めて彼がアニソン界を代表する存在であることについて力説しはじめた……。

男性アニソンシンガーという職業は、今や絶滅危惧職である。１９６０年代からアニメ作品の代弁者として子どもたちに勇気を与え、弱きを助け強きをくじく精神性を歌に込め、どんな逆境にも屈しない鋼の魂を絶唱する。ヒーローたちの活躍を歌に変換し、戦い続けていた誇り高き職業である男性アニソンシンガーの活躍は、もっぱら「かつての子どもたち」に届けられている印象だ。それはいわゆる懐メロとしてのアニソンの需要であり、かつての水木一郎、ささきいさお、串田アキラ、子門真人のような、リアルタイムでアニメ主題歌を専門的に歌う男性アニソンシンガーの新星は生まれにくい土壌になってしまっていた。その理由は、90年代後期に日本のアニメ市場のメインが大人向けアニメにシフトしたことが大きな原因として考えられている。97年に深夜アニメとして再放送されたＴＶアニメ『新世紀エヴァンゲリオン』が、大学生や社会人といった「アニメを卒業していた大人世代」に発見され社会現象へと発展。あれから現在まで、日本のアニメ市場は子ども向け作品とは初めからベクトルの違う、深夜にアニメを見る大人をターゲットにした深夜アニメ隆盛の時代を迎えることになった。世界的に見ても年間２００～２５０本以上もの大人向けアニメが制作されている国は日本以外には存在しないため、結果的に世界中のアニメファンの需要を満たしているという背景がある。日本ブランドのアニメが海外でも大きな人気・支持を得ている理由は、ほぼキッズ向けアニメで占められるアジアや北米、ヨーロッパと比べて、大人が楽しめるアニメ作品が単純に多いからでもあるのだ。

アニメの内容が子ども向けから大人向けに変われば、当然主題歌だって変わる。昔のアニソンは子どもも覚えやすく歌いやすいのが特徴で、作中に登場する主人公を鼓舞しつつ、必殺技やロボットのギミックを紹介する場でもあった。しかし90年代に入ると『スラムダンク』『幽遊白書』『るろうに剣心』に代表される〝青年向けアニメ〟と言われる作品が大ヒットし、ターゲットの年齢層に合わせて主題歌に最新のトレンドにも配慮したJ-POPアーティストが多数起用されるようになった。かつてのようなアニソンは「古臭い」「子どもっぽい」「ダサい」と揶揄されるようになり、前述の通り深夜がアニメのメイン視聴枠になるころには、その傾向はますます加速していく。ただし女性アニソンシンガーは、90年代にシンガーソングライターとして独自のアーティスト性を確立しながらもアニソンシンガーとしてカリスマ的な人気を誇った奥井雅美の存在とその影響により、ＬｉＳＡやＭａｙ'ｎ、鈴木このみ、亜咲花といった後継アーティストを輩出。現在もその人気は言わずもがなではあるが、その枠すらも今では多彩な声優アーティストやＪ-ＰＯＰ系バンド・アーティスト、YOASOBIやｙａｍａのようなネット発のアーティストの台頭により、活躍の場は狭められていると言ってもいいだろう。一方、男性アニソンシンガーの活躍の場は90年代から現在まで苦しい状況が続いている。水木一郎の呼びかけにより発足し、現在は影山ヒロノブが率い奥井雅美も擁するベテラン・アニソンシンガーによるスペシャルユニットJAM Projectが20年以上もその孤塁を死守し続けてはいるものの、新たな男性アニソ



冨田明宏＝文

ンシンガーのスーパースターを、長らくアニソン業界は生み出せずにいたのである。この危機意識や問題意識については２０００年代初頭から影山をはじめさまざまなアニソンシンガーたちが発信していたことだが、時代の流れという大きな渦には抗うことができず、明確な打開策が見いだせないまま、男性アニソンシンガーは絶滅の危機に瀕していた……そのとき。ある男のメガネがキラリと光り、それが一筋の希望となってアニソン業界を照らしはじめたのである。

## 誰もがヒーローになれる時代

前置きが長すぎて途中から「早くオーイシを出せ！」という声も聞こえていたが、あえてこれまでのアニソン業界と男性アニソンシンガーを取り巻く状況を説明することで、本書で語られた〈オーイシ目線のストーリー〉とは違う角度でオーイシマサヨシのヒーロー性を語ってみようと思ったのである。つまりオーイシ目線では、アーティスト大石昌良の危機的状況に対してメガネをかけることで別人格を生み出し、アニソン業界がそんな彼を受け入れたことでエンターテイナー＝オーイシマサヨシが誕生したというストーリーだった。しかしアニソン業界の目線で語るなら、「むしろ救われたのはこちらのほうだ」という話になるのである。ただその救世主の姿は大方の予想とは違い、黒縁メガネに黒髪マッシュの痩せた青年で、いうなればどこにでもいるような、かつて子どもたちの憧れだったヒーロー像とは程遠い姿をしていた。オーイシへのロングインタビューでも触れたが、私は彼のその姿こそが、時代が要請した新しいヒーロー像であり、わかりやすいアイコンであり、メッセージだと思っている。どこにでもいる目立たない青年だって、もしかしたらステージに立った瞬間、世界中を巻き込み多くの人々に希望を届けるエンターテイナーになれるかもしれない。生い立ちだって特別じゃなくていい。素行が悪く家族を泣かせ、仲間に迷惑をかけた武勇伝なんて必要ない。むしろ酷いいじめにすらあった過去がある。それなのに反抗期もなく、今も毎日のように連絡を取り合うくらい母親とは仲が良い。それでいいじゃないか。アニメを観ている君も、三十路を過ぎた君も、誰もがヒーローになれる可能性がある。長引くデフレと不況により、夢を見ずに生きることが当たり前になった「諦念の時代」とも言われる現代の日本において、夢と希望をアニソンと共に高らかに歌い上げるおしゃべりクソ眼鏡こそ、新しい時代のヒーロー像なのだ。

しかし本書を読めば、オーイシマサヨシという一見すると普通のメガネ男子が、いかに普通ではなく非凡な存在なのかも同時に理解できたはず。彼が今アニソンシーンにおけるトップランナーであり、業界を象徴するアイコンになれている理由は、圧倒的歌唱力とソングライティング力、パフォーマンス力を持ちながら、どこまでも音楽に対して求道的かつ真摯だからである。彼が語ったアニソン制作に関するこだわりも、あれをみんながやっている当たり前の制作方法だと思われたら関係者一同変な汗が噴き出すことになるだろう。彼の作品との向き合い方、細部にわたるこだわり、コミュニケーション方法、そして自分と関わるすべての人に喜んでもらいたいと願うサービス精神は、ある意味常軌を逸した愛で貫かれている。これら〝オーイシイズム〟は簡単なようでなかなか真似できないことばかりだが、アニソン制作に限らず日常生活のあらゆる場面で規範となりえる考え方だと私は思う。

これまでオーイシマサヨシとはさまざまな場面で仕事を重ねてきたつもりだが、実は今回のインタビューではじめて知ることのほうが多かった。むしろまだまだ掘り足りない気分である。本書はオーイシマサヨシという希代のエンターテイナーであり、アニソン・シーンのニュー・ヒーローの真実を浮き彫りにしながらも、メガネの奥の深淵に潜む、魅力の一端を知るきっかけに過ぎないのかもしれない。彼の活躍がこれからもアニソン業界を活性化させることは言うまでもないが、本書を手にした誰かがオーイシマサヨシのフォロワーとなり、新たなアニソン界のヒーローとして名乗り出ることを業界の末端にいる人間として願っている。オーイシマサヨシはそれほどの影響力を誇ってしかるべきアーティストだ。

とみた・あきひろ
アニソンプロデューサー、アニソン評論家。内田真礼、飯田里穂、黒崎真音などのプロデュースを務める。オーイシとはつき合いが長く、本書でもメインライターとして活躍

激バズツイート選

# 1000RT の顔をもつ男

アニソンシンガー、シンガーソングライター、などさまざまな顔を紹介してきたが、忘れてはならないのがそう、Twitter である。え、でも Twitter って所詮暇つぶしじゃないの？……否、断じて否。侮るなかれ、今年1月のオンラインワンマンライブの #オーイシ1000円 が世界トレンド1位になったのも、身を粉にしながら日々ツイートを死屍累々と積み上げてきた、その努力があってこそ。オーイシにとって、Twitter とはれっきとしたPR ツールであり、ツイートは彼にとって欠かせない日々のルーティンとなっている。そんな彼の2万以上のツイートの中から、1000以上 RT された特に反響のあるツイートを厳選！

渡部 遊＝編集

大石昌良【オーイシマサヨシ】
@Masayoshi_Oishi

ヤバめのbotが爆誕してた

フォローする

**オーイシマサヨシ起床速報bot**
@014_okita フォローされています
オーイシマサヨシ氏の起床をお知らせします。
2019年11月からTwitterを利用しています
1フォロー 0フォロワー
フォローしている人にフォロワーはいません
ツイート ツイートと返信 メディア いいね

**オーイシマサヨシ起床速報bot** 4時間
オーイシマサヨシさんは11/27 6:36に起床しました。

13:55 · 2019/11/27 · Twitter for iPhone

**5969**件のリツイート **79**件の引用ツイート

大石昌良【オーイシマサヨシ】
@Masayoshi_Oishi

誤訳のまま歌ってみた

しかし、おしっこの国では、コンクリートのジャングルがあなたをむさぼり食う
0:14

57.9万回視聴

19:34 · 2021/02/15 · Twitter for iPhone

**1万**件のリツイート **312**件の引用ツイート

## 「なんでそれやねん」系

ネットニュースもちゃんとエゴサしてます

大石昌良【オーイシマサヨシ】
@Masayoshi_Oishi

どんなニュースねん

Y!ニュース
ログイン ID新規取得

**大石昌良の写真、「櫻井孝宏」として拡散 「ネットのフリー素材と呼ばれてる僕の末路です」**

7/27(月) 18:34 配信
10
J-CASTニュース ビジネス&メディア ウォッチ

22:45 · 2020/07/27 · Twitter for iPhone

**1.5万**件のリツイート **171**件の引用ツイート

大石昌良【オーイシマサヨシ】
@Masayoshi_Oishi

いつの写真使うねん

LINE NEWS

大石昌良【オーイシマサヨシ】
@Masayoshi_Oishi

どれが**オーイシマサヨシ**クイズ作った人、先生怒らないから出て来なさい

1:27 · 2021/01/03 · Twitter for iPhone

**1.1万**件のリツイート **580**件の引用ツイート

## インターネットとの戦い

イジられたり、自虐してみたり、
自分から乗ってみたり

大石昌良【オーイシマサヨシ】
@Masayoshi_Oishi

なるほどこれがYouTubeか
#10万人行くまで終われない大石昌良

大石昌良の弾き語りラボ
チャンネル登録者数 100,163 人

12:51 · 2020/05/24 · Twitter for iPhone

**3025**件のリツイート **160**件の引用ツイート

大石昌良【オーイシマサヨシ】
@Masayoshi_Oishi

縦画像対応と聞いて

2:18 · 2021/05/07 · Twitter for iPhone

**1508**件のリツイート **75**件の引用ツイート

## どれがオーイシ系

声優・櫻井孝宏を筆頭に、
どんどん増えていくそっくりさんの輪

大石昌良【オーイシマサヨシ】
@Masayoshi_Oishi

おしいシリーズ貼っとくね

オーイマシサヨシ 様
オーオシマサヨシ様
オーイシマサシ
オーマイゴシゴシ Oh my
PIC•COLLAGE

17:44 · 2019/04/23 · Twitter for iPhone

**1.4万**件のリツイート **124**件の引用ツイート

## 若く見られがち系

自らの成人式を晒していくスタイル

大石昌良【オーイシマサヨシ】
@Masayoshi_Oishi

新成人の皆様、どっちも僕です
←20歳　41歳→

13:39 · 2021/01/11 · Twitter for iPhone

**4611**件のリツイート　**310**件の引用ツイート

大石昌良【オーイシマサヨシ】
@Masayoshi_Oishi

あと数時間…

しょろう
【初老】
老人の域にはいりかけた年ごろ。また、もと、四十歳の異称。
フィードバック
翻訳とその他の定義

20:30 · 2020/01/04 · Twitter for iPhone

**2087**件のリツイート　**95**件の引用ツイート

## ちょっと何言ってるのかよくわからない系

「Twitter 楽しい！」が詰まってます

大石昌良【オーイシマサヨシ】
@Masayoshi_Oishi

美味しすぎて**オーイシマサヨシ**になったわね

18:47 · 2021/01/13 · Twitter for iPhone

**4172**件のリツイート　**143**件の引用ツイート

大石昌良【オーイシマサヨシ】
@Masayoshi_Oishi

【お詫び】本日のオーイシマサヨシのライブ演出について、雨の野外ステージでびしょ濡れのまま首を振ったら眼鏡が飛んで一瞬だけ大石昌良の出演になりましたことを心よりお詫び申し上げます

21:10 · 2019/07/14 · Twitter for iPhone

**8010**件のリツイート　**130**件の引用ツイート

大石昌良【オーイシマサヨシ】
@Masayoshi_Oishi

キンカン広告宣伝課課長に就任しました
#オーイシキンカン

19:30 · 2020/05/28 · Twitter for iPhone

**6102**件のリツイート　**285**件の引用ツイート

## オーイシマサヨシとは

つまり定義ができません

大石昌良【オーイシマサヨシ】
@Masayoshi_Oishi

【オーイシおるおる報告ツイート集】
・うちの大学に5人くらいオーイシマサヨシおる
・今日コンパ行ったらオーイシマサヨシおった
・ダイナゼノンにオーイシおる
・うちの学校の国語の先生がオーイシマサヨシ
・僕、オーイシマサヨシかもしれない
・日本人の10人に1人がオーイシマサヨシ←new!!

13:24 · 2021/04/25 · Twitter for iPhone

**2207**件のリツイート　**90**件の引用ツイート

大石昌良【オーイシマサヨシ】
@Masayoshi_Oishi

プレゼントボックスにオーマイゴシゴシ入れたヤツ先生怒らないから出てきなさい

23:16 · 2019/06/08 · Twitter for iPhone

**2.2万**件のリツイート　**223**件の引用ツイート

**大石昌良、一般女性との結婚を発表**
2020年7月31日 18:15　スポーツ報知

19:18 · 2020/08/01 · Twitter for iPhone

**1.4万**件のリツイート　**429**件の引用ツイート

大石昌良【オーイシマサヨシ】
@Masayoshi_Oishi

どんなニュースねん
星野源の結婚発表でファン勘違い？そっくり歌手・大石昌良に「ガッキー返せ」のとばっちり
news.yahoo.co.jp/articles/d0921...

21:00 · 2021/05/19 · Twitter for iPhone

**1.1万**件のリツイート　**639**件の引用ツイート

## ご報告

いろんなご報告があります

大石昌良【オーイシマサヨシ】
@Masayoshi_Oishi

【ご連絡】納 車 し ま し た

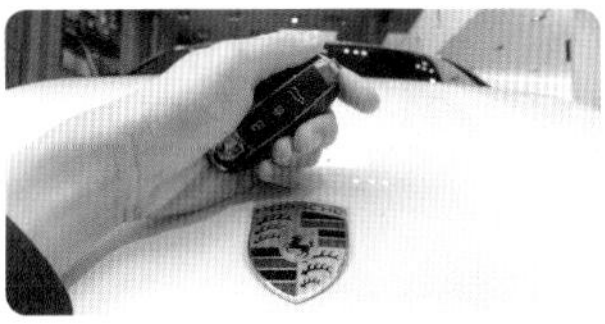

17:15 · 2019/12/29 · Twitter for iPhone

**7942**件のリツイート　**363**件の引用ツイート

大石昌良【オーイシマサヨシ】
@Masayoshi_Oishi

みんなへ

13:35 · 2021/04/21 · Twitter for iPhone

**7465**件のリツイート　**197**件の引用ツイート

## ちゃんとした告知系

うれしいこともちゃんと呟く

大石昌良【オーイシマサヨシ】
@Masayoshi_Oishi

みんなのおかげで世界一の誕生日になりました涙 #オーイシ1000円

1 世界のトレンド
**#オーイシ1000円**
113,529件のツイート

20:53 · 2021/01/05 · Twitter for iPhone

**2872**件のリツイート　**100**件の引用ツイート

**オーイシマサヨシ コーシキブック**

2021年8月24日発行

編集 渡部 遊

Special Thanks!
石井由紀子 (CAT entertainment)
三輪靖史 (ポニーキャニオン)
伊藤裕史 (ポニーキャニオン)

ヘアメイク 瓜本美鈴
スタイリング 宇都宮春男
写真 藤城貴則 上澤友香
　　　木村心保 向後真孝 飯本貴子
文　　冨田明宏 真貝 聡 須永兼次 森 樹

アートディレクション+デザイン
沼本明希子 (direction Q)
デザイン 田上亮介 [P98−109]
　　　　 Hiei [特別版 付録デザイン]
イラスト み〜にょ

衣装協力
オーイシ／大石＝ATSUSHI NAKASHIMA／CULLNI／
Et baas／GALLERY DEPT.／LOCAL AUTHORITY
／MARTIN ASBJORN／NEW ORDER／RtA／
VERYNERD Tom-H@ck＝MAISON Birth

発行人 岡 聡　　発行所 株式会社太田出版
〒160-8571 東京都新宿区愛住町22 第3山田ビル 4F
電話 03-3359-6262
電話 03-3359-6281 (編集部)
振替口座 00120-6-162166 (株)太田出版

太田出版ホームページ
http://www.ohtabooks.com/
印刷・製本 株式会社シナノ

ISBN 978-4-7783-1771-3 C0095 定価2,420円(本体価格2,200円+税)